남자는 우울하면 안 되나요

남자는 우울하면 안 되나요

울고 싶어도
울지 못하는
남자들을 위한
감정 사용법

로티미 아킨세테 지음
이지혜 옮김

생각의날개

"놀라울 정도로 큰 도움을 주는 책이다. 감정 표현에 인색한 것이 미덕이라 생각했던 남자들에게 꼭 추천하고 싶다."

– 콜린 잭슨, 전 영국 올림픽 국가대표(육상), BBC 해설위원

"요즘 세상을 살아가는 이들에게 꼭 필요한 책."

– 레비슨 우드, 작가이자 탐험가

★★★★★ ID: Judy Ryde

심리 상담을 받고 싶은 남성이라면 꼭 읽어볼 만한 책!

이 책은 제목 그대로 '남자들도 우울해도 괜찮다'는 메시지를 전해준다. 특히 자기감정을 잘 모르고 심리적인 문제들에 어떻게 대처해야 할지 모르는 남자들에게 추천하고 싶다. 꼰대처럼 굴지 않고 단순 명확하게 핵심 조언만 전달하는 책이다. 작가는 이 책이 누구에게 필요한지를 정확히 알고 썼다. 심리 상담을 하는 사람, 받는 사람 모두에게 도움이 될 것이다.

★★★★★ ID: Veronica

남편이 사서 읽고 너무나 만족스러워했다. 전혀 지루하지 않게 남성의 감정을 다스리는 노하우를 소개한다. 나도 읽어보고 싶다는 생각이 들었다.

★★★★★ ID: Meijin

깊이 있는 심리학적 정보보다 현실적으로 도움이 필요한 이들에게 유익한 책이다.

★★★★★ ID: Mr Ernest R Kellow

아주 얇지만, 남자로서 산다는 것이 무엇인지 성찰할 수 있었던 고마운 책.

★★★★★ ID: ecambl

내 친구에게 이 책을 선물했고, 이 책을 읽고 난 후 친구에게 일어난 변화가 곧 내게
큰 선물이 되었다.

★★★★★ ID: yellowcarchris

쉽게 읽히는 책, 짧지만 깊이가 있다!

남자는 울면 안 되나요?

이 책의 제목은 '남자는 우울하면 안 되나요'라고 분명 쓰여 있었지만, 난 마치 귀신에 홀린 듯 '남자는 울면 안 되나요'라고 읽었다. 그리고 조금 지나 내가 잘못 읽었다는 것을 알게 되었다. 난 왜 그랬을까?

이유를 찾는다면 우울하면 울 수 있기 때문이다. 우울하면 눈물이 저절로 흘러내리기도 한다. 마치 잠기지 않는 고장 난 수도꼭지처럼 눈물이 하염없이 쏟아질 수도 있다. 이유를 하나 더 찾자면 추천사를 제안받았던 시기에 내 마음이 그랬기 때문이다. 꼭 우울해서는 아니더라도 그저 울고 싶었다. 당시 난 꽤 지쳐 있었다. 책 제목을 읽는데 울고 싶은 마음이 새어 나왔다. 이 책의 저자도 '감정은 어떻게든 새 나간다'고 했다. 딱 맞는 말이다.

내가 겪은 일은 남녀노소 누구나 겪을 수 있는 일이다. 사실 남자와 여자의 마음은 서로 다르지 않다. 남자와 여자가 느끼는 감정도 마찬가지다. 하지만 그 감정을 바라보는 관점과 감정을 대하는 태도에서 차이가 난다고 생각한다. 남자는 불안감이나 우울감과 같은 감정을 약한 사람(남자)이나 느끼는 것이라고 생각하는 경향이 있다. 그래서 남자는 그런 감정들을 애써 외면하거나 억압하려고 한다.

저자는 영국의 많은 남자들이 자신이 느끼는 평범한 감정들을 인정하지 않으려고 하고, 자신의 문제나 고민을 다른 사람들에게 솔직하게 말하길 꺼린다고 했다. 그는 그 이유를 남자들이 심리적 문제에 수치심을 느끼기 때문이고, 누군가에게 고백하는 것은 남자답지 못하다고 생각하기 때문이라고 했다.

한국 남자들도 다르지 않다. 내 상담 경험을 돌아보면 대부분의 남자들은 눈물을 삼키려고 이를 꽉 깨물었다. 그러다가 눈물이 새어 나오기라도 하면 재빨리 고개를 숙이거나 시선을 돌렸다.

그들은 남자라는 이유로 나에게 자신의 감정을 보여주기 어려워했다. 또한 대부분의 남자들은 상담을 결심하기까지 긴 시간이 걸렸다. 남자라면 자신의 고민은 스스로 해결해야 한다고 생각하거나 그 정도 고통은 버텨내야 한다고 생각했기 때문이다. 그래도 더 늦기 전에 전문가에게 도움을 요청한 것은 아주 반가운 일이다.

저자는 평소에 마음을 관리하는 것이 얼마나 중요한지에 대해 강조한다. 나 역시도 방송이나 강연을 할 때 틈만 나면 "자기 마음 챙깁시다!"라고 외치긴 하지만, 이 책은 여기서 끝나지 않는다. 마음을 돌보는 방법에 대해 자세하고 친절하게 소개하고 있다. '당신은 자신을 얼마나 알고 있는가?'라는 질문을 시작으로 자기감정을 마주하고, 그 감정을 이해하는 법에 대해서 알려준다. 그리고 워라벨을 맞추기 위한 라이프스타일 점검과 건강관리부터 멘탈 강해지는 법까지 저자는 다양한 예시와 구체적인 팁을 통해 따뜻하면서도 든든한 조언을 우리에게 전하고 있다.

> 울고 싶어도 울지 못하는 한국의 남자들과 어디선가 몰래 울고 있을 남자들의
> 부모, 배우자, 여자 친구 들에게 이 책을 추천한다.

_임재영, 정신과전문의, 의왕시 정신건강 복지센터장

INTRO

남성 우울증이란 무엇일까?

우울증은 누구에게나 닥칠 수 있는 흔한 질병이다. 하지만 연령대별로 우울증 양상이 서로 다르게 나타나듯 성별에 따라서도 남성과 여성이 차이를 보이고 있다.

여성 우울증이 주로 '슬픔'을 드러내는 양상으로 드러난다면, 남성 우울증은 '비관'이나 '분노 혹은 폭력'의 형태로 드러나는 경우가 많다. 특히 남성은 마음속 괴로움을 숨긴 채, 자기감정을 겉으로 드러내지 않기 때문에 우울증을 앓아도 주변 사람들이 이를 알아채기 쉽지 않다. 주변에 도움을 요청하지 않고 혼자 해결하려다 보니 음주나 흡연, 혹은 도박처럼 중독성 강한 습관으로 빠지기도 한다. 게다가 우리 몸은 우울감을 느낄 때 스트레스 호르몬인 코르티솔이 분비되는데, 해당 호르몬의 혈중 농도가 높아지면 위 점막의 염증 반응이 증가해 궤양 등으로 이어질 수 있다. 잠깐 우울한 것이라면 괜찮지만, 2주 이상 지속되는 증상이라면 우울증을 의심해봐야 한다.

남성 우울증의 특징

남성 우울증은 여성 우울증과 달리 몇 가지 특징을 보인다. 물론 개인차가 있기는 하나 아래의 증상들 중 하나라도 해당이 된다면 어떻게 극복할 수 있을지 고민이 필요하다.

❶ 종종 자기혐오에 빠진다.

작은 실수나 실책도 용납하지 못하고 자기혐오나 죄책감에 빠지는 경우가 많다. 자신이 쓸모없게 느껴지거나 삶에 대해 허무감을 보이기도 한다.

❷ 화를 자주 낸다.

끊임없이 부정적인 생각에 사로잡혀 초조해하거나 화를 잘 낸다. 유머 감각이 사라지고 예민하게 굴며 작은 일에도 과민반응을 보인다.

❸ 무모한 행동을 자주 한다.

현실 도피적이면서 무모한 행동은 남성 우울증에서 흔히 볼 수 있는 증상이다. 평소 안 하던 과속 운전을 하거나 충동적인 성관계를 갖기도 하고, 알코올이나 약물 중독에 빠지기도 한다.

❹ 근육통, 피로, 불면증, 두통, 변비, 설사 등 신체 증상이 나타난다.

우울증이 있는 남성은 변비, 설사, 위산 역류 등 소화기 문제를 비롯해, 위 통증이나 피로감, 허리 통증, 근육통, 불면증, 두통 등을 겪을 수 있다. 더러 성기능 장애가 생기는 경우도 있다. 남성 우울증이 주로 신체 증상으로 드러나는 경우가 많아 우울증 진단을 어렵게 만드는 측면이 있다.

우울증 치료를 위해 우리가 알아야 할 것

우울증 치료는 부정적으로 편향된 사고방식의 회로를 긍정적이고 건설적인 방향으로 되돌리는 작업이다. 이는 결코 쉬운 일이 아니다. 우리는 긍정성보다 부정성에 빠지기 더 쉽도록 진화해왔다. 원시 인류는 그 덕에 살아남을 수 있었다. 하지만 지금 우린 24시간 주변을 경계해야지만 살아남는 시대에 살고 있지 않다. 게다가 부정성이 학습을 통해 반복되다 보면 어떤 상황에서도 부정적으로 판단하는 일종의 자동 회로가 우리 머릿속에 각인된다. 한번 부정성의 악순환에 빠지면 그곳에서 빠져나오는 덴 2배, 3배의 노력이 필요하다.

우울증을 앓는다는 건 우울감을 느끼는 것과는 차원이 다르다. 우울증은 마치 암세포가 자기 몸을 잠식해가듯 자신의 정신을 하나하나 먹어치우는 괴물과 같다.

우울증에서 살아남으려면 일단 자기 몸의 통제권을 되찾아야 한다. 우울증에서 가장 중요한 것이 바로 자기 통제력이다. 우울증을 치료하는 과정은 '부정성'이란 괴물을 내 몸에서 몰아내는 일이다. 이는 내 몸과 마음의 주인이 되는 일이다.

자기 통제력을 얻으려면 무엇보다 자기 자신을 잘 알아야 하고, 자기감정을 표현할 줄 알아야 한다. 자신이 느끼는 감정을 알게 되면 그 감정에 거리 두기가 가능해지면서 컨트롤할 수 있는 힘이 생긴다.

앞에서도 말했지만 우울증은 부정성의 회로가 고착화된 상태다. 이를 긍정적인 방향으로 되돌리기 위해선 부단한 훈련과 노력이 필요하다. 자기 인식을 토대로 자기가 원하는 삶의 패턴을 하나의 습관처럼 정착시킨다면, 당신도 얼마든지 건강하고 행복한 삶을 누릴 수 있을 것이다.

당신이 얼마나 우울한지 알아보는 15가지 질문

아래 제시한 문항들은 당신의 우울감이 얼마나 심각한지 알아보기 위한 테스트다. 아래의 15문항을 쭉 읽고 점수를 매겨보자. 당신에게 전혀 해당되지 않는다고 생각되면 0점, 일부 해당된다고 생각되면 1점, 상당 부분 해당된다고 생각되면 2점, 완전히 자신과 똑같다고 생각되면 3점을 적으면 된다.

	증상	전혀 해당되지 않는다	일부 해당된다	상당 부분 해당된다	전혀 해당되지 않는다
1	수면 장애가 있다				
2	골똘하게 생각에 잠겨 있는 시간이 많다				
3	화를 참는 것이 어렵다				
4	집중력이 떨어진다				
5	머릿속에서 한 가지 생각만 계속 맴돈다.				
6	자꾸 슬퍼진다				
7	열등감을 느낀다				
8	죄책감이 심하게 든다				
9	앞날에 대해 비관적이다				
10	자살하고 싶다는 생각을 자주 한다				
11	결정을 쉽게 내리지 못한다				
12	자신이 하찮게 여겨진다				
13	다른 사람에게 관심이 없다				
14	일할 의욕이 없다				
15	눈물이 많아졌다				

각 항목마다 점수를 매겼는가?

다 매겼다면 각 항목의 점수를 모두 더해보자.

총 점수	우울증의 정도
0-10	정상
11-20	경증
21-35	중간 정도
36 이상	중증

테스트 결과 중증 우울증으로 나온다면 서둘러 전문의를 찾아 도움을 받길 바란다.

CONTENTS

1부

감정의 주어는 '남자'가 아닌 '나'
마음 치료는 '나'를 아는 데서 시작한다

▶▶▶

CONTENTS

2부

스스로 돌보는 삶을 위하여
자기를 돌보는 건 부끄러운 일이 아니다

▶▶▶

솔직하게 말하지 못하는 남자들

육체적 건강은 늘 중요한 문제로 다뤄진다. 건강을 유지하기 위해 제때 식사하고 적당히 운동하라는 조언은 누구나 귀에 못이 박히도록 듣는다. 그런데 마음의 건강은 눈곱만큼도 같은 취급을 받지 못한다. 특히 남자들의 경우는 더욱 심각하다. 어떤 문제든 아무렇지 않게 대처하고, 평상심을 지키며, 매사 긍정적으로 어떤 난관이든 가볍게 이겨내는 게 남자다운 자세라는 이상한 고정관념을 강요받기도 한다. 세상에 이런 남자는 절대 존재하지 않는다. 실제로 나는 성별을 떠나 강철처럼 흔들림 없이 사는 사람을 단 한 번도 본 적이 없다.

> 안타깝게도 상당히 많은 남자들이 자신의 심리적 문제를 털어놓기를 꺼려 한다. 문제를 털어놓는 순간, 자신이 문제와 동일시될 거라고 생각하기 때문이다.

남자들이 지겹게 주입당하는 메시지를 떠올리면 당연한 일인지도 모른다. "남자답게 행동해야 한다"라든가 "남자는 평생 딱 세 번 운다" 같은 고리타분하고 쓸모없는 클리셰 덕분에 남자들은 자신을 있는 그대로 표현할 방법을 찾지 못한다. TV, 소셜미디어, 광고 등 우리를 둘러싼 수많은 매체를 비롯해 가족과 친구들조차도 이런 메시지를 주입하는 데 한 몫 한다. 나 역시 성장 과정에서 이런 경험을 자주 했다. 특히 심리 상담과 사회복지 분야에서 일을 시작할 무렵 주변에서 들은 말들이 그랬다. 그때 나는 "남자가 왜 그런 일을 해?", "네가 그러고도 남자야?", "법학이나 공학처럼 실용적인 분야로 가야지"라는 말을 숱하게 들었다.

> 주변 사람들이 이런 말을 한다면 누구나 혼란을 느낄 수밖에 없다.

더구나 한두 번이 아니라 지속적으로 이런 메시지를 주입당한다면 더 큰 위험으로 이어질 수 있다. 실제로 남성들이 자신의 고민이나 걱정, 불안감 등 심리 문제가 발생했을 때 외부에 도움을 청하지 못하고 스스로 목숨을 끊는 쪽을 선택하는 경우가 적지 않다. 영국에서는 40세 이하 남성의 사망 원인 1위가 바로 자살이며, 매주 84명의 남자가 자살로 생을 마감하고 있다.

나는 다양한 환경과 연령대의 남성들을 상담하면서 다수의 남성들이 외부에 도움을 요청하지 않는 가장 큰 이유가 바로 심리적 문제에 대한 수치심 때문이라는 것을 발견했다. 사람들의 시선이 두려워서, 혹은 사랑하는 사람들에게 부담이 될까 봐 침묵을 지키는 것이다.

> 그 결과, 그들은 무기력하고 두렵고 우울하고 불안한 상태에서도 혼자 알아서 해결하는 쪽을 선택한다.

다행히 세상은 변하고 있다. 점점 더 많은 남성들이 자신의 문제에 대해 이야기하고 있다. 특히 방송이나 언론에서 주목받는 이들이 일선에서 자신의 이야기를 공유하며, '남성은 정신 건강 문제 따위 겪지 않는다'는 거짓말에 반박하기 시작했다. 하지만 정말로 힘이 들 때 외부에 도움을 요청하는 것만큼, 평소의 마음 관리 역시 상당히 중요한 일이다. 인간으로서의 기본 욕구를 충족하기 위해서라고나 할까. 이 책에서 소개하는 연습 문제를 따라 하다 보면 몸의 건강을 위해 꾸준히 야채를 먹고 헬스장에 갈 때와 같은 효과를 정신 건강에 가져다줄 수 있다. 연습 문제들은 지금 겪고 있는 문제가 무엇이든 바로 적용할 수 있는 것들로 만들었다.

솔직히 말하자면 이 책의 조언들이 꼭 남자에게만 해당되는 것은 아니다. 그러나 '남자로 태어났으면 이 정도는 해야지'라든가 '남자가 무슨 그런 걱정을 해' 같은 고정관념에 사로잡힌 남자들에게 얼마든지 다르게 대처할 수 있다는 점을 전하고 싶다. 단순히 남자라는 이유로 의지만 있으면 모든 걸 극복할 수 있다는 생각은 큰 착각이다. 마음을 돌보는 일은 에베레스트나 K2 등반과 전혀 다르다. '정복'의 대상이 아니라는 뜻이다.

여성과 마찬가지로 남성 역시 전통적인 성 역할에서 벗어나는 것이 하나의 흐름이다. 더 이상 성별에 따라서 '이래야 한다, 저래야 한다'는 생각이 통용되지 않는 건 정말 반가운 일이다. 이 책을 당신의 마음을 돌보는 출발점으로 삼기를 바란다. 그리하여 자신을 더 잘 알고, 문제 해결 능력을 키우는 데 도움을 얻기를, 더 나아가 삶에 대한 만족감을 높이기를 바란다.

이 책은 누구든 쉽게 사용할 수 있는 도구와도 같다. 자신에 대한 확신이 부족하다면 자신감을 키우고, 상실감에서 헤어 나오지 못하고 있다면 생각의 방향을 바꾸며, 자꾸 실수만 떠올라 괴로웠다면 앞으로 한 걸음 나아갈 용기를, 어쩌면 아주 작은 마음의 평화를 얻을 수도 있을 것이다.

사람은 저마다 다른 방식으로 도움을 받으며 살아간다. 누구에게나 통용되는 단계별 프로그램 같은 것은 존재하지 않는다. 이 책 역시 반드시 순서에 따라 읽을 필요는 없다. 자신에게 필요한 내용을 찾아가며 자유롭게 읽어도 무방하다. 각자 원하는 대로 이 책을 활용하길 바란다. 그것이 책 속에 담긴 내용을 가능케 하는 유일한 방법이다.

이제 시작해보자.

1부

감정의 주어는 '남자'가 아닌 '나'

마음 치료는 '나'를 아는 데서 시작한다

당신은 자신을
얼마나 알고 있는가?

누구나 나는 어떤 사람이고, 남들이 자신을 어떻게 바라보며, 장단점은 무엇이고, 무엇을 좋아하고 싫어하는지, 내게 중요한 것은 무엇인지 고민하며 살아간다. 이런 생각은 그 자체로 무척 강력해서, 삶의 방식과 자신에 대한 기대, 의사결정 등에 큰 영향을 미친다.

이런 생각들은 태어날 때부터 머릿속에 있는 것이 아니라, 자라면서 하나씩 배우는 경우가 대부분이다. 특히 사회적 동물로서 세상에 태어난 첫날부터 주변에서 쏟아지는 이런저런 의무를 부여받는데, 남자에게 주어지는 틀은 때로 더욱 확고하다.

그렇게 외부에서 주입된 생각들은 얼마든지 바꿀 수 있다. 예전의 나는 스스로에게 가족을 부양하는 가장의 역할을 부여하면서, 휴일 없이 겹벌이로 일을 하고 여러 단체에서 활동을 해왔다. 남자로서 가정을 책임지고 명성을 쌓아야 한다는 생각 때문이었다.

이 생각 자체에 의문을 갖게 된 순간, 나는 내가 아닌 다른 누군가가 되기 위해 신체적, 정신적으로 스스로를 괴롭히고 있었다는 사실을 깨달았다. 이후 나는 가족과 함께하는 시간을 가장 우선순위에 놓게 되었다. 이런 변화는 누구에게나 일어날 수 있다. 물론 쉽게 예측할 수 없고 시간이 걸릴 수도 있지만, 걱정과 달리 우리 머릿속 생각은 고정 불변하지 않다.

'나'를 열 글자로 표현한다면

만약 누군가 당신에게 당신 스스로를 딱 열 글자로 표현해보라고 하면 뭐라고 말할 수 있을까? 입사 면접처럼 민망하다고 생각할지도 모르겠지만, 장담하건대 꽤 재미있는 질문이 될 것이다. 만약 이에 대해 생각해본 적이 없다면 다음 페이지에 등장하는 단어들을 적당한 출발점으로 삼아보길 바란다. 예시 단어 없이 "나는…"이라는 주어를 던져보는 것만으로도 충분히 시작할 수 있다.

자신에 대한 몇 가지 키워드가 떠올랐다면, 이렇게 질문해보자. 그중 무엇이 내 삶의 동력이 되었을까? 무엇이 나를 망설이게 만들었을까? 그런 내 모습에 확신이 있었나? 이런 생각들은 시간이 흐르면서 어떻게 바뀌었나? 애초 그렇게 생각한 이유는 뭘까?

아마 이런저런 질문에 모두 답할 수는 없을 것이다(꼭 그래야 할 필요도 없다). 여기서 중요한 것은 그런 생각을 시작했다는 사실이다. 당신이 스스로를 어떻게 생각하고 이런 생각들이 당신 삶에 어떤 영향을 미쳤는지 돌아보는 일 말이다. 만약 지금까지 생각해왔던 방식으로 자신을 정의하는 것이 옳지 않다고 판단된다면 그렇게 생각하지 않으면 그만이다. 모든 것은 당신에게 달려 있다.

나는 어떤 사람일까?

- ☐ 강하다
- ☐ 약하다
- ☐ 결단력 있다
- ☐ 의리 있다
- ☐ 대담하다
- ☐ 경청을 잘한다
- ☐ 경쟁심이 강하다
- ☐ 예민하다
- ☐ 실패자다
- ☐ 남편이다
- ☐ 성공했다
- ☐ 파트너다
- ☐ 관리자다
- ☐ 동료다
- ☐ 이웃이다
- ☐ 스포츠 마니아다
- ☐ 고용주다
- ☐ 소비자다
- ☐ 영적이다
- ☐ 건강하다
- ☐ 매력적이다
- ☐ 독서를 즐긴다
- ☐ 글쓰기를 즐긴다
- ☐ 부양자다
- ☐ 활동가다
- ☐ 부유하다
- ☐ 가난하다

- ☐ 고용인이다
- ☐ 중재자다
- ☐ 소울메이트다
- ☐ 운동 선수다
- ☐ 정치가다
- ☐ 멘토다
- ☐ 탐험가다
- ☐ 비판적이다
- ☐ 음악을 좋아한다
- ☐ 자유로운 영혼의 소유자다
- ☐ 농담을 잘한다
- ☐ 계획적이다
- ☐ 사업가다
- ☐ 신사다
- ☐ 코미디언이다
- ☐ 인맥이 넓다
- ☐ 리더다
- ☐ 조직 구성원이다
- ☐ 융통성 있다
- ☐ 실용적이다
- ☐ 열정적이다
- ☐ 친절하다
- ☐ 이기적이다
- ☐ 허영심이 많다
- ☐ 느긋하다
- ☐ 고집 세다

- ☐ 인내심 있다
- ☐ 인내심이 없다
- ☐ 너그럽지 않다
- ☐ 성숙하다
- ☐ 미숙하다
- ☐ 성실하다
- ☐ 게으르다
- ☐ 책임감 있다
- ☐ 부주의하다
- ☐ 신념이 강하다
- ☐ 정직하다
- ☐ 용감하다
- ☐ 교활하다
- ☐ 가짜다
- ☐ 진짜다
- ☐ 직설적이다
- ☐ 괴짜다
- ☐ 관습을 따른다
- ☐ 개방적이다
- ☐ 아버지
- ☐ 할아버지
- ☐ 형제
- ☐ 아들
- ☐ 삼촌

"

나 자신을 뭐라고 표현할 수 있을까?
가장 먼저 머릿속에 떠오르는 것은
'아빠'라는 말이다. 그게 바로 나고,
여기에 자부심을 느낀다.

물론 아빠 역할이 늘 쉽지만은 않다.

그러나 좋은 아빠가 될 수 있다는 사실만으로

기분이 좋아진다.

렌, 43세, 아빠

내 머릿속 목소리

마치 영화 속 배경음악처럼 우리 머릿속에서는 현재 자신이 하는 행동에 대한 잡스러운 생각들이 끊이질 않고 있다. 전혀 모르고 있었다면, 잠시 머릿속 목소리에 귀를 기울여보자. 바로 지금 이 순간에도 내 안의 목소리는 계속되고 있다. 이는 당신 주변 세계를 관찰하는 내용이기도 하지만, 주로 당신 자신에 대한 해설이거나 당신이 한 행동과 내뱉은 말, 겉으로 보이는 모습에 대한 평가다.

예를 들어, 당신이 어떤 실수를 저질렀다고 가정해보자. 이때 당신은 스스로에게 어떤 평가를 내리는가? 가차 없이 자책부터 하는 편인가? 아니면 '다음에 더 잘하면 되지' 하고 넘어가는 편인가? 평상시에는 어떤가? 자신이 한 일에 대해 비판적인가, 아니면 관대한 편인가? 만약 상대가 당신 자신이 아니라 친한 친구였대도 똑같이 말했을까? 아마 아닐 가능성이 높을 것이다. 또다시 자신에게 비판적인 목소리가 들리기 시작하면, 자책이 아니라 응원을 해보자. 내가 내 편이 되어주는 것이다.

> "일을 망칠 때마다 나는 스스로를 멍청하다고 욕했다. 나 자신에게 하는 것처럼 친구들을 대했다면 아마 내 주변에는 아무도 남지 않았을 것이다. 내가 자신에게 하는 말에는 애정과 지지의 메시지를 담아야 한다. 다른 누가 아닌, 나부터 나 자신의 가장 친한 친구가 되는 연습이 필요하다."

💬 웬즈워스 밀러, 배우

부정적인 생각 멈추는 법

스스로를 옥죄는 머릿속 부정적인 생각을 잠재우는 방법이 있다. 내가 성취해낸 일을 하나하나 되짚어보는 것이다. 이 연습은 매일 해볼 수 있다. 예를 들어 아침 일찍 일어나기, 지각하지 않고 제때 출근하기, 조깅하기, 아이를 학교까지 데려다주기, 다른 사람 도와주기 등 소소한 일상적인 일들이 그런 성취감을 가져다줄 수 있다.

> 그것이 어떤 일이든, 내가 해냈다는 사실을 충분히 알아주어야 한다.

스스로에게 꼭 금메달을 줄 필요는 없다. 그러나 자신에게 보상이 될 만한 소소한 방법을 떠올려보자.

이를테면 오늘 내가 해낸 일을 수첩이나 메모에 적어둘 수도 있다. 축구 선수들이 해트트릭hat trick에 성공한 날 경기에서 사용한 공을 보관하고 팀과 함께 축하하는 관례를 따라 해보는 것이다.

"

매일 위대한 승리를 이루는 사람은 없다.
그러나 누구든 자신의 자리에서
무언가를 조금씩 이뤄내며 살아간다.

그 소소한 승리를
모른 척 지나쳐선 안 된다.

1

2

3

남자는 감정적이면
안 된다는 착각

감정은 억울하게 오명을 뒤집어쓰곤 한다. 사람들은 흔히 '감정적이다'라는 표현을 약하거나 여리다는 의미로 쓰곤 하지 않는가. 이건 터무니없는 소리다. 진화론적 측면에서 감정은 인간이 모든 종의 꼭대기에 올라서는 데 기여한 중요 요소였다. 인간이 지금까지 성공적으로 혁신, 탐색, 인내, 존속이라는 목표를 이룰 수 있었던 것 역시 감정 덕분이었다. 감정은 직관적으로 우리에게 메시지를 보내며, 하나의 지름길이 되어 지적인 행동으로 안내한다. 즉 인간으로서 존재하는 데 핵심 요소가 바로 감정이다.

그런데 남자에게 허락되는 감정은 손에 꼽을 정도다. '행복'과 '분노' 정도가 전부랄까? 아주 가끔 '슬픔'도 용인되지만, 가족의 죽음처럼 비극적인 경우에만 해당된다.

더 큰 문제는 상당히 많은 남자들이 평소 불안이나 외로움, 우울 같은 평범한 감정들을 인정하길 꺼린다는 사실이다.

당신이 원하든 원하지 않든, 이런 감정이 생기는 걸 막을 수는 없다. 애써 모른 척 밀어두거나 무시할 수도 있고, 사실은 슬프면서 버럭 화를 내며 감정을 감춰버릴 수도 있지만, 진짜 감정은 결코 사라지지 않는다. 오히려 인간으로서 살아가기 위해 이런 감정은 반드시 필요하다.

감정에 이름 붙이기

평생 감정을 드러내지 않는 데 익숙했다면 새삼 그 감정에 집중하기가 쉽지 않을 것이다. 감정을 숨기는 편이 아니었대도 힘든 건 마찬가지다. 지금 내가 무슨 감정을 느끼는지 말로 표현하기가 막막할지도 모른다. 단어 하나만으로 자신의 감정을 정의하기 어려울 수도 있다. '화가 난다'라는 표현을 예로 들어보자. 똑같은 '화'라고 해도 상황에 따라서 다른 의미를 가질 수 있다. 말 그대로 분노일 수도 있겠지만 슬프거나 절망스러울 때, 혹은 내 편 하나 없어 외롭고 불안할 때가 될 수도 있다.

> 당신이 지금 느끼는 감정을 최대한 구체적으로 표현해보자.
> 말 그대로 감정에 이름을 붙여보는 것이다.
> 이 또한 연습이 필요하다.

마치 새로운 언어를 배운다고 생각해보면 어떨까? '공'이라는 단어를 배우려면 그 전에 일단 공이 무엇인지 봐야 하는 것처럼 말이다.

아래에 감정을 표현하는 단어들을 쭉 정리해보았다. 당신의 기분을 구체적으로 파악하는 연습을 하면서 이미 익숙해진 단어들도 있겠지만, 미처 떠올리지 못한 낯선 단어들도 분명 있을 것이다. 조금 더디더라도 단어를 하나씩 살펴보며 그 의미에 대해 생각해보는 시간을 가져보자. 이 중 지금 이 순간 당신이 느끼고 있는 감정을 표현해주는 단어가 있는가?

지금 내가 느끼고 있는 감정은

☐ 행복하다	☐ 뿌듯하다	☐ 멍하다
☐ 슬프다	☐ 기대감이 든다	☐ 한심하다
☐ 감동적이다	☐ 감사하다	☐ 혼란스럽다
☐ 쓸쓸하다	☐ 마음이 놓인다	☐ 분하다
☐ 부아가 치민다	☐ 만족스럽다	☐ 억울하다
☐ 위축되었다	☐ 궁금하다	☐ 이용당한 기분이다
☐ 혼자 있기 싫다	☐ 모욕적이다	☐ 뭔가 부족하다
☐ 혼자 있고 싶다	☐ 걱정스럽다	☐ 열의가 넘친다
☐ 기운이 넘친다	☐ 황홀하다	☐ 투명해진 것 같다
☐ 침울하다	☐ 주눅 든다	☐ 도전 의식이 생긴다
☐ 지겹다	☐ 화가 난다	☐ 연약하다
☐ 예민하다	☐ 박탈감이 든다	☐ 강인하다
☐ 편안하다	☐ 모멸감을 느낀다	☐ 집착적이다
☐ 무기력하다	☐ 고통스럽다	☐ 추하다
☐ 조심스럽다	☐ 나른하다	☐ 증오스럽다
☐ 생각이 많다	☐ 생각이 없다	☐ 외롭다
☐ 절망스럽다	☐ 날카롭다	☐ 따뜻하다
☐ 무시당한 기분이다	☐ 장난기 넘친다	

"

엄마가 돌아가셨을 때
나는 자꾸 화가 났다.

어쩐지 슬퍼하는 것보다는
화를 내는 것이 더 쉬웠다.

알렉스, 28세, 교도관

"

감정을 있는 그대로 인정하기

감정을 있는 그대로 꺼내 보이는 것이 영 쉽지 않다면 당신 주변에 있는 남자들은 어땠는지 하나하나 떠올려보자. 그들은 어떻게 감정을 표현했고 당신에게 어떤 영향을 미쳤는지 생각해보는 것이다. 마지막으로 남자가 우는 걸 본 적이 언제인가? 영화나 TV에서 혹은 친구나 가족 중에 누군가가 우는 걸 본 적이 있는가?

'보는 대로 된다 If you can see it, you can be it.'라는 영어 속담이 있다. 즉 당신 주변 사람들이 감정을 드러내지 않는 편이라면, 당신 역시 그럴 가능성이 높다. 당신이 자신과 비슷하다고 생각하는 사람들, 당신이 평소 닮고 싶어 했던 사람들도 마찬가지일 것이다.

수세기 동안 전통과 관습처럼 굳어 있던 남성들의 사고방식을 하루아침에 뒤집어엎는 건 한걸음에 산 하나를 뛰어넘으려는 것과 같다. 하지만 조금 더 자세히 들여다보면, 남자들이 감정을 표출하는 순간은 분명히 있다. 야구장만 가봐도 그렇지 않은가. 자기편이 잘하고 있을 때는 신나서 함성을 지르고 못할 때는 버럭 하며 눈알을 부라린다. 최근 몇몇 설문조사에 따르면 남들이 보지 않는 곳에서 남자들이 혼자 우는 횟수가 1년에 서른 번은 된다고 한다. 그 외에도 그들이 우회적으로 감정을 표현하는 방법은 얼마든지 찾아볼 수 있다. 격렬한 운동 역시 억눌린 감정을 해소하는 방법이다.

어쩌면 당신도 꾹 눌려 있던 감정을 알게 모르게 표출하고 있었는지도 모른다. 그렇다면 이제는 그 감정이 필요할 때 현명하게 활용할 수도 있어야 한다.

감정은 어떻게든 새 나간다

우리가 고통이라는 감정을 인정하지 않으면 고통은 스스로 빠져나 갈 길을 찾으며, 그 형태는 각양각색으로 나타난다. 머릿속에서 부정 적인 생각들이 끊이지 않기도 하고, 술이나 마약에 빠지거나 언어적, 신체적으로 분출되기도 한다. 사람에 따라 각각 다른 모습으로 표출 되는 것이다.

만약 당신이 감정을 억누르는 성향의 사람이라면 당신 마음속 어 딘가에 감정이 새어 나가도록 만들어둔 구멍은 없는지, 만약 있다면 그 구멍이 당신이 행동하고 느끼고 생각하는 데 어떤 영향을 미쳤는 지 자신의 삶을 찬찬히 들여다봐야 한다.

> "직장을 잃을지도 모른다는 사실을 아무에게도 말 못하고 끙끙대 던 시기가 있었다. 그 당시에는 몰랐지만, 혼자 매일같이 술집을 찾 아 불안한 마음의 두 배 세 배만큼 술을 퍼마셨다. 그러다 결국 동료 에게 속내를 털어놓았는데, 그 이후로는 술에 손이 가지 않는다는 걸 깨달았다."

💬 벤, 42세, 변호사

"

당신에게도

감정이 새어 나가는 구멍이 있는가?

"

2

3

4

고민을 털어놓을
누군가가 있는가

누군가 당신에게 안부를 물으면 뭐라고 답하는가? 아마 대부분의 사람들이 무덤덤하게 자동응답기처럼 대답할 것이다. "네, 괜찮아요", "잘 지냅니다", "무탈합니다" 등 사실과는 전혀 다른 말을 할지도 모른다. 너무나 일상적으로 굳어진 습관이라 잘 지내지 못한다고 말하는 것이 왠지 불편할 수 있다.

> **당신이 스트레스 받거나 우울하고 화가 나고 슬플 때, 털어놓을 사람이 있는가, 있다면 누구인가?**

당신이 직장이나 일상생활에서 뭔가 문제가 있거나, 친구나 가족, 혹은 배우자에게 문제가 생겼을 때 솔직하게 고민을 털어놓을 사람이 있는가? 대다수는 아니더라도 상당히 많은 남자들이 자신에게 닥친 문제나 고민을 다른 사람에게 솔직하게 털어놓지 못한다. 남자답지 못한 일이라고 생각하기 때문이다.

> **나를 찾아오는 내담자들 가운데 상당수의 남성들이 그런 일은 혼자 알아서 해야 하는 것 아니냐고 되묻는다. 다른 누군가에게 부담이 되거나 약해 보이고 싶지 않기 때문이다.**

그 결과 자연스럽게 혼자 모든 문제를 끌어안게 된다. 힘든 시기를 홀로 버텨내고 있다면 그 무게는 발걸음을 내디딜 때마다 더더욱 무거워질 뿐이다.

왜 말을 못할까?

자기 이야기를 남에게 하는 데 불편함을 느끼지 않는 사람이라면 문제없다. 하지만 다른 사람에게 나의 고민이나 문제를 이야기하는 것이 어려운 사람이라면 이제 스스로에게 그 이유를 물어봐야 할 타이밍이다. 왜 말을 못하는 걸까? 당신 스스로 난 그런 사람이 아니라고 생각했을 수도 있고(1장으로 돌아가서 열 단어로 자기를 표현하는 연습을 다시 해보길 바란다), 그냥 전에 그런 생각을 해본 적이 없었던 걸 수도, 아니면 사람들이 어떻게 받아들일까 두려워서 그랬던 걸 수도 있다. 또 어디서 어떻게 시작해야 하는 건지 도통 감이 오지 않았을 수도 있다.

그 이유가 뭐였는지 조금씩 감이 잡힌다면 다음 질문의 답을 찾아보자. 그 이유들이 정말 타당한 것이었나? 이를 극복할 방법은 없을까? 어디서부터 솔직하게 말할 수 있을까?

이때 잊어선 안 될 것이 있다. 현실적이어야 한다는 점이다. 평생을 그렇게 살아왔는데 어느 날 갑자기 친구를 찾아 당신 마음속 깊숙이 숨어 있던 우울한 감정을 몽땅 고백하기는 어려울 것이다. 최소한 SNS 메시지로 짧게나마 속내를 털어놓는 정도는 가능할 테지만 말이다.

또한 솔직하게 말하는 데 익숙해지려면 남들의 이야기를 들어주는 것도 좋은 방법이다. 다행히 요즘 들어 점점 더 많은 남성들이 자신의 이야기와 고민을 공유하고 있다.

코미디언이나 스포츠 선수, 배우, 정치가 같은 사람들뿐만 아니라 평범한 사람들도 SNS나 유튜브 등 여러 매체를 통해 자신에 대해 이야기하고 있다. 심지어 TV 드라마에서도 등장인물들이 상담사를 찾는 장면이 등장한다. 미국 드라마 〈소프라노스〉에서도 주인공 토니가 상담사를 찾아 자신의 복잡한 문제들에 대해 이야기하는 장면이 나오는데, 터프한 마피아 두목으로만 보이던 남자가 자신의 감정을 이해하고 대처하는 모습이 무척 인상적이었다.

> 당신이 스스로를 어떤 남자라고 생각하는지는 중요하지 않다.
> 남자든 여자든 누구나 솔직하게 말할 권리가 있다.

"

부엌 탁자에 앉아서 속내를 완전히 털어놓고 난 뒤,
잠시 짧은 침묵이 흘렀다.
머릿속으로 '대체 내가 무슨 짓을 한 거지'
하는 생각과 함께 엄청난 후회가 밀려들었다.

"실은 나도 그랬어, 형."
그 순간, 정말이지 속이 뻥 뚫린 것처럼 후련했다.

모하마드, 20세, 학생

누구에게 털어놓을 것인가

정답은 따로 없다. 당신 주변에 '누가 있으며 누구에게 말하고 싶은가'에 달려 있는 문제다. 다만, 상대가 누구든 성급하게 대화를 결론짓거나 마음속 깊은 우울을 한꺼번에 털어놓으라는 얘기는 아니다.

> 익숙하지 않다면 일단 천천히 내디뎌보자.

당신이 신뢰하고 가깝게 느끼는 사람이 있는가? 친구에게 고민을 털어놓기 시작하면 의외로 많은 사람들이 비슷한 감정을 느끼면서도 선뜻 얘기하길 두려워한다는 사실을 발견하고 놀랄지 모른다. 실제로 나를 찾아온 남성 내담자들도 진작 더 일찍 대화를 시작했으면 좋았을 거라고 말한다.

대화 상대가 꼭 가족이나 친구, 직장 동료일 필요는 없다. 의사나 상담사여도 괜찮다. 어쩌면 대화를 시작하기 가장 좋은 상대일 수 있다. 당신의 상황에 따라 어떤 도움이 필요한지 적절히 알려줄 수 있으니 말이다.

상담

수많은 사람들이 자기는 상담까지는 필요 없다고 말한다. 자기 문제가 그 정도로 심각하지 않으며, 상담이란 것이 어린 시절 경험을 속속들이 파헤치거나 꿈을 해석하는 일 정도라고 생각하기 때문이다. 그러나 사실은 그렇지 않다. 상담은 당신에 대해 이야기할 여지를 줌으로써 마음의 짐을 덜고 어떻게 앞으로 나아가야 할지 고민할 기회를 제공한다.

> 특히 상담은 당신이 꼼짝도 못하고 있을 때 앞으로 나아가도록 돕는다.

상담사는 충분히 훈련을 받은 전문가로서 내담자를 섣불리 판단하지 않는다. 내담자와의 기밀 유지를 무엇보다 우선시하며, 내담자가 원하는 바를 이루도록 돕는 일을 한다. 내담자인 당신이 해야 할 일이 무엇인지 구체적으로 알려주지는 않지만 편안한 상태로까지 갈 수 있도록 안내하는 사람이기도 하다. 무엇보다 당신의 결정을 존중해준다. 상담은 일대일 상담, 집단 상담 등 여러 가지 유형이 있는데, 어떤 방식을 선택하든 당신 스스로 원해야 한다는 사실이 중요하다.

자기 자신과 대화하기

아직 다른 사람과 이야기할 준비가 되지 않았다면 당신 자신에게 이야기해보는 것도 도움이 된다. 지금 내 삶이 어떤지를 찬찬히 알아내는 과정이 되기 때문이다. 스스로 질문을 던질 땐 무엇보다 솔직해야한다. 그래야 자신을 힘들게 하는 것이 무엇이고 자신에게 도움이 되는 건 무엇인지 알아낼 수 있다. 다음 페이지에 스스로에게 던져볼 질문 몇 가지를 정리해보았다.

글로 써보기

걱정거리나 불안 같은 머릿속 생각과 감정을 글로 적어 내려가다 보면 놀라울 정도로 속이 후련해진다. 꼭 일기를 써야 한다는 것은 아니다(물론 윈스턴 처칠이나 마크 트웨인, 브루스 리를 비롯해서 많은 사람들이 일기쓰기가 꽤 도움이 된다는 걸 증명한 바 있지만 말이다). 글을 쓰는 동안 머릿속에 있던 것들을 종이 위로 덜어내면서 마음이 가벼워질 수 있다. 원한다면 글을 다 쓰고 난 뒤에 종이를 꾸깃꾸깃 구겨버려도 좋다.

자기 자신에게 물어보기

- ☐ 요즘 나는 잠을 잘 자고 있나?
- ☐ 최근 자주 기분이 가라앉거나 지치지는 않았나?
- ☐ 평소에 좋아했던 일을 하는 데 의욕이 떨어지지 않았나?
- ☐ 평소보다 짜증을 많이 내지 않았나?
- ☐ 주변 사람들로부터 평소 같지 않다는 말을 자주 들었나?
- ☐ 직장에서 일하는 것이 어쩐지 더 힘들지 않은가?
- ☐ 소중한 사람과의 관계가 이전 같지 않은가?
- ☐ 최근 들어 성 생활에 문제는 없나?
- ☐ 가끔 벌컥 화가 치밀어 오르지는 않나?
- ☐ 다른 사람들을 피하지 않았나?

남의 말 들어주기

당신이 직접 변화를 꾀해보는 건 어떨까? 혼자만의 변화로 끝날 게 아니라 친구나 동료 혹은 자녀나 배우자 등 당신 주변 사람들의 고민을 들어줄 수 있지 않을까?

▎ 사소한 변화가 큰 차이를 만들어낸다.

그저 친구에게 어떻게 지내는지 안부를 묻고 그 대답을 주의 깊게 들어주는 것만으로도 이런 변화는 가능하다. 주변의 누군가가 힘들어하는 것 같으면 무슨 일이 있는지 물어보자. 상대가 짧게 대답한다면 다음 질문을 던져 상대방에게 당신이 정말로 관심을 기울이고 있다는 걸 보여줄 수 있다.

누군가에게 말할 기회를 주는 것은 상대로 하여금 묵묵히 혼자서 짊어지기보다 자신의 상황을 공유하고 안도감과 지지를 얻도록 한다. 처음에는 누구든 자기 자신에 대해 말하는 것이 선뜻 내키지 않을 수 있다. 하지만 말하고 싶을 때까지 기다려주는 것만으로 당신이 들을 준비가 되어 있다는 메시지를 전할 수 있다.

경청하는 기술

적극적으로 들어주는 일은 생각보다 쉬운 기술이 아니다. 실제로 전문적인 훈련 프로그램이 있을 정도다. 물론 기계공학처럼 생소하고 낯선 분야는 아닐 테지만, 경청은 절대 쉬운 일이 아니며 꾸준한 연습이 필요하다. 경청에 대해 몇 가지 조언을 하자면 다음과 같다.

❶ 당신이 듣고 있다는 사실을 보여주어야 한다.

꾸준히 눈을 마주치고 (두어 번 마주치는 것만으로도 충분하다) 대화 중에 다른 행동은 하지 않는다(특히 핸드폰은 꺼내지 않는 편이 좋다).

❷ 상대에 대해 섣불리 판단하거나 성급하게 결론을 내려서는 안 된다.

당신의 판단이 틀렸을 수도 있고, 이 때문에 오히려 상대가 입을 꾹 다물면서 대화가 중단될 수 있다.

❸ 상대의 말에 끼어들지 않는다.

당신이 이야기하고 있는데 누군가 끼어든다면 유쾌하지 않을 것이다. 상대도 마찬가지다. 이런 행동은 자신의 이야기보다 당신 생각이 더 중요하다는 인상을 줄 수 있다.

❹ 해결책을 제시하거나 충고하려고 하지 않는다.

특히 상대가 요청하지 않았다면 더더욱 조심해야 한다. 물론 상대를
도와주고 싶은 마음이 드는 건 자연스러운 일이지만 때로는 상대가
하고 싶은 말을 끝까지 들어주는 것만으로도 충분할 수 있다.

❺ 약간의 공감을 표현한다.

당신이 상대방의 입장이었다면 어땠을지 생각해본다.

점수 매겨보기

"오늘 당신의 기분은 1점부터 10점 중에 몇 점일까요?" 나는 이 단순
한 질문을 내담자와 대화를 시작할 때마다 던져본다. 묵묵하게 입을
다물고 있는 남성 내담자들과 이야기를 시작하기에 꽤 좋은 질문이
기 때문이다. 당신 자신에게도 한 번 이렇게 질문해보자. "오늘 나의
기분은 몇 점일까?"

감정을 알아야
감정을 다스릴 수 있다

모든 일이 다 잘될 것처럼 기분이 들뜨는 때가 있는가 하면, 전부 포기해버리고 싶을 만큼 절망스러울 때도 있다. 그러고 보면 인간은 너무나 쉽게 감정에 휘둘리는 존재가 아닐까?

이번 장에서는 감정을 다스리는 데 필요한 몇 가지 방법을 이야기 해보려 한다.

몇 가지 방법을 알아두면 힘든 순간이 닥쳤을 때 감정에 바로 휘둘리지 않고 차분히 대처할 수 있다. 특정 감정을 불러일으키는 계기를 파악하고, 그러한 상황이 왔을 때 어떻게 행동해야 할지 미리 준비할 수도 있다. 그런데도 부정적인 감정에 사로잡혀 헤어 나오지 못하는 일이 반복적으로 일어난다면 어떻게 해야 할까? 그럴 때는 주저하지 말고 의사를 찾아가 상담해볼 것을 권한다.

감정을 다스리는 몇 가지 방법

마음을 가라앉히고 싶은 순간, 감정을 완화시킬 수 있는 기술을 몇 가지 소개한다.

❶ 그 자리에서 벗어난다.

짧게 산책을 하는 것은 현재 상황으로부터 거리를 두기에 꽤 좋은 방법이다. 잠시 걸으면서 상황을 돌아보고 어떻게 대응할지 마음을 추스를 수 있다. 상대방에게 잠시 생각할 시간 혹은 한숨 돌릴 시간이 필요하다고 말하고 그 자리에서 잠시 벗어나자.

❷ 호흡법으로 마음을 다스린다.

심호흡만큼 즉각적으로 감정을 다스리는 데 효과적인 방법은 없다. 69페이지에 간단한 호흡법을 정리해두었으니, 꼭 실천해보길 바란다.

❸ 감정을 다른 에너지로 사용한다.

순간 떠오르는 부정적인 감정을, 당신 자신 혹은 다른 이들이 다치지
않는 방향으로 전환해준다면 어떨까? 샌드백을 힘껏 주먹으로 날리
거나 숨이 찰 때까지 달려보는 것이다.

❹ 적극적으로 몸을 움직여 몸의 긴장을 풀어준다.

사람들 대부분은 상처를 받으면 몸이 마비된다. 말 그대로 피가 얼어
붙는 것이다. 이때 사지만 마비되는 것이 아니라 생각도 얼어붙는다.
그래서 부정적 감정에 휩싸이면 사람들은 말이 없어지고 도무지 생
각이 떠오르지 않는다. 적절한 대응 전략이 떠오를 리 만무하다. 이
얼어붙은 피와 생각을 다시 흐르게 하려면 일단 몸을 움직여야 한다.
운동은 종류 불문하고 도움이 된다. 간단히 계단을 오르내리거나 자
전거를 타고, 마당의 잡초를 뽑는 것만으로도 충분하다. 무슨 활동이
든 가만히 있는 것보다는 훨씬 낫다.

감정의 응급처치, 호흡의 리듬을 바꿔라

겁을 먹거나 화가 날 때, 혹은 긴장을 하거나 상처받았을 때는 자동적으로 호흡의 리듬이 달라진다. 속도가 빨라지고 횡격막 대신 가슴 근육을 이용해 숨을 쉰다. 심하면 과호흡에 빠질 수 있다. 이때 어지럽고 몸이 떨리고 식은땀이 나며 손발이 가려운 등의 증상이 나타난다. 이런 신체 증상들을 줄이고 다시 안정을 찾으려면 의도적으로 천천히 호흡해야 한다.

긴장 완화에 도움이 되는 호흡법은 아주 많다. 여기선 간단한 방법 두 가지를 소개하고자 한다. 이를 이용하면 산소 유입을 줄여 몸의 긴장을 풀 수 있다. 또 호흡과 호흡 횟수에 신경을 쓰느라 잠시 곤란한 상황을 잊을 수 있다.

아래 호흡법 두 가지는 특히 위험하거나 곤란한 상황을 앞두고 긴장을 푸는 데 유익하다. 몸의 긴장이 풀리면 마음도 여유로워지고 생각도 자유로워질 것이다.

자발적 긴장 해소법

평소보다 더 깊게 숨을 들이쉰다. 숨을 멈추지 말고 다시 숨을 내쉰다.

충분히 내쉬었으면 숨을 멈추고 7~11초 동안 참는다. 숨을 참는 시간은 각자에게 맞게 조정할 수 있다. 머릿속으로 숫자를 센다. 1에서 7까지, 혹은 1에서 11까지. 다시 숨을 들이쉰 다음 바로 다시 내쉰다. 그리고 다시 7~11초 동안 숨을 참는다.

이 호흡법을 2~3분 동안 반복한다. 아마 눈에 띄게 긴장이 풀어지면서 마음이 편안해질 것이다.

┌─ TIP ────────────────────

 편안한 자세로 앉거나 눕는다.

 7까지 숫자를 세면서 천천히 숨을 들이쉬었다가,
11까지 숫자를 세면서 천천히 숨을 내쉰다.

 앞 단계를 원하는 만큼 반복한다. 1~2분 정도만 해도 충분하다.

복식 호흡법

배꼽에서 2센티미터 아래에 손바닥을 밑으로 가게 해서 내려놓는다. 아랫배가 불룩해지도록 숨을 깊게 들이쉬며 그 숨이 천천히 아래로 내려가 불룩해진 배 위의 손바닥까지 흘러간다고 상상한다. 다시 숨을 내쉬면서 숨이 가슴께로 돌아와 코를 통해 밖으로 빠져 나간다고 상상한다. 이때 배에 놓인 손의 움직임에 정신을 집중한다. 숨을 들이쉬면 배가 불룩해지고 내쉬면 배가 홀쭉해지므로 손도 따라 올라갔다 내려갔다 할 것이다. 몇 분 동안 이 과정을 반복한다.

복식 호흡법은 아침에 눈을 떴을 때나 밤에 잠들기 직전에 연습하는 것이 가장 좋다. 잘 되면 서거나 앉아서도 연습을 해보자. 대부분은 앉아서 할 때 제일 힘들어 한다. 하루에 두세 번 꾸준히 연습해보자. 어느 정도 숙련이 되면 굳이 손을 배에 얹지 않아도 흘러가는 숨결을 느낄 수 있다. 스트레스 상황, 공포나 분노, 긴장 상황에서 복식 호흡을 하면 마음이 금방 안정된다.

가능한 한 폐의 바닥까지 공기를 채웠다 내뱉는다는 느낌으로 숨을 들이쉬었다 내쉬는 것이 좋다. 가슴 윗부분에서만 얕게 호흡하는 것이 아니라, 횡격막을 끌어올렸다 내리면서 깊이 호흡하는 것이다. 들이쉴 때는 배가 나오고 내쉴 때는 배가 들어가는 등 배의 움직임까지 의식해야 한다.

"

공황 상태에 빠져 크게 당황한 적이 있다.
그 순간 내가 할 수 있는 거라곤 심호흡뿐이었다.

반복해서 하나 둘 숫자를 세며

숨을 들이쉬었다 내쉬자

서서히 마음이 가라앉기 시작했다.

레이, 33세, 컨설턴트

긴장한 근육을 풀어라 - 점진적 근이완법

'난 정상이 아냐.' '난 중요하지 않아.' '저 사람은 그런 짓을 하면 안 돼. 그걸 꼭 가르쳐주고 말겠어.' 이런 판단은 순식간에 일어난다. 동시에 우리 근육도 순식간에 긴장한다. 미처 의식할 틈도 없이 몸의 근육이 저절로 긴장 상태에 돌입하는 것이다.

이번에 소개하는 방법인 점진적 근이완법은 근육의 긴장 상태를 더 빨리 파악할 수 있도록 도와준다. 또 각 근육을 별개로 이완시킬 수 있다. 그러므로 점진적 근이완법은 긴장되는 상황을 앞두고 미리 마음을 가라앉히는 용도는 물론이고 상황이 종료된 뒤 긴장을 풀어주는 용도로도 아주 적합하다. 이 방법을 개발한 사람은 야콥슨 Edmund Jacobson으로, 근육의 상호 긴장 및 이완 원칙을 활용했다. 이 방법은 당신의 적극적 참여가 필요하고, 조금 더 많은 연습과 시간 투자가 요구된다.

점진적 근이완법은 20~30분 정도가 필요하기 때문에 방해받지 않고 눕거나 편히 앉아서 연습할 수 있는 조용한 장소를 찾아야 한다. 너무 밝지 않은 것이 좋다. 몇 번 깊게 숨을 들이쉬었다가 내쉬며 편안한 자세를 취한다. 76페이지에서 열거할 몸의 각 근육을 약 5초 간격으로 차례대로 긴장시킨다. 강도는 약간 당긴다 싶을 정도가 좋고 근육의 위치를 확실히 느낄 정도가 적당하다. 경련이 일어날 정도로 세게 당기면 안 된다. 긴장 뒤에는 다시 그 상태로 긴장을 푼다. 약 10초 동안 이완 상태를 느껴본다. 처음 해서 잘 모르겠으면 다시 긴장과 이완을 반복한다. 각 근육을 긴장시킬 때 다른 근육은 최대한 이완 상태를 유지한다. 자, 그럼 오른쪽 주먹에서 시작해보자.

❶ 오른쪽 주먹을 쥐고 천천히 1에서 5까지 센 다음 주먹을 편다.

　　10초 동안 이완된 느낌을 즐겨보자.

❷ 왼쪽 주먹을 쥐고 천천히 1에서 5까지 센 다음 다시 주먹을 편다.

❸ 이제 위팔 근육(이두박근)을 당긴다. 이때 아래팔은 위팔과 직각이 되게 한다.

　　다시 긴장을 푼다.

❹ 손바닥으로 바닥을 집고 아래팔(삼두박근)에 힘을 주었다가 다시 힘을 뺀다.

❺ 이마를 찌푸린다. 이때 눈은 크게 뜬다.

　　눈썹을 치켜떠서 이마에 주름이 잡히도록 한다. 다시 원 상태로 돌아간다.

❻ 양 눈썹을 모아 미간에 세로 주름이 생기게 한다. 다시 이마를 편다.

❼ 눈을 힘껏 감은 다음 1에서 5까지 세고 다시 눈을 뜬다.

❽ 마치 하품을 하는 것처럼 입을 크게 벌린다.

❾ 혀로 입천장을 민다. 다시 혀의 힘을 뺀다.

❿ 이를 앙다물었다가 힘을 뺀다.

⓫ 목을 뒤로 힘껏 젖혔다가 다시 원위치로 돌아온다.

⓬ 턱으로 가슴을 밀었다가 힘을 뺀다.

⓭ 어깨를 귀 쪽으로 최대한 올렸다가 다시 내린다.

⓮ 날개뼈를 뒤로 모으듯 젖혔다가 다시 원위치로 돌아온다.

⓯ 숨을 깊이 들이쉬어 가슴을 부풀린다. 그 상태로 멈추었다가 다시 숨을 내쉰다.

　　이번에는 가슴을 모아 접었다가 다시 편다.

⓰ 배를 불룩 앞으로 내밀어 그 자세를 유지한 채로 호흡을 한다.

　　다시 배를 집어넣고 힘을 뺀다.

⓱ 누운 자세로 엉덩이를 든다. 앉은 자세에서는 엉덩이 근육을 잡아당겨 긴장시킨다. 다시 긴장을 푼다.

⓲ 무릎에 힘을 주어 허벅지 근육을 긴장시킨다(누워 있을 때는 먼저 다리를 끌어올려 세운다). 원위치로 돌아온다.

⓳ 발을 바닥 쪽으로 밀어 종아리를 긴장시킨 다음 다시 긴장을 푼다.

⓴ 발을 위로 잡아당겨 종아리를 긴장시킨 다음 원위치로 돌아온다.

연습을 할수록 나름의 요령이 생길 것이다. 이 훈련을 통해 근육의 움직임을 좀더 정확히 인지하게 되면서 긴장에 어떻게 대응하고 완화시킬지 배울 수 있다. 단 어떤 훈련이든 연습이 필수인 것처럼, 스트레스에 신체적으로 대처하는 연습도 꾸준히 반복해야 한다.

TIP

⬇ 근육에 약간의 힘을 준다. 고통을 느낄 정도로 강하게 힘을 주지는 않는다.

⬇ 약 5초간 긴장 상태를 유지했다가 10초간 풀어준다.

⬇ 근육의 힘을 풀어줄 때는 호흡에 맞춰 "릴렉스"라는 말을 해주는 것도 도움이 된다.

⬇ 힘을 빼는 순간에는 어깨나 근육을 완전히 늘어뜨린다.

감정의 도화선 찾아내기

감정에 휩쓸리는 일이 주기적으로 일어난다면, 어떤 패턴으로 반복되는지를 살펴보는 것도 중요하다. 특정 감정을 일으키는 계기가 무엇이며, 당신이 이에 어떻게 반응하는지를 들여다보는 것이다. 가령 직장 일이나 사회적 활동, 요일이 상호작용을 일으켰을 수도 있다. 이런 감정은 아무런 예고 없이 닥치는가, 아니면 하나하나 쌓이면서 폭발하는가? 감정이 솟구칠 때 당신은 어떻게 대응하는가? 언제 이런 감정이 솟구치거나 가라앉는가? 손에 땀이 나거나 심장이 뛰고, 온몸의 근육이 경직되진 않은가?

❙ 그다음에는 어떻게 해야 좋을까?

특정 감정을 일으키는 도화선을 발견했다면 이미 한 발 나아간 셈이다. 평소처럼 감정이 당신의 내면을 휩쓸고 지배하기 전에 어떻게 대처할지 결정하고, 같은 일이 반복되지 않도록 준비할 수 있기 때문이다. 다음 장에서 하는 이야기는 그 대처 방법에 관한 것이다.

과거의 일이 원인이라면…

특정 감정을 불러일으키는 원인이 과거의 일 때문이라면 아주 오래 전부터 반복되었기 때문에 이 감정 자체가 마치 습관처럼 굳어질 수 있다. 지금 자신의 상태와는 관계없이 자동적으로 반응하게 되는 것이다.

> 만약 이런 문제를 겪고 있다면, 그 감정이 어떤 계기로 생긴 것인지 스스로 질문해보고 고민하는 시간이 필요하다. 그래야 감정을 다스릴 실마리가 보이기 때문이다.

'남자답게'가 아니라
'나답게'

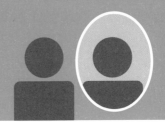

이 책을 읽는 이들에게 전하고 싶은 사실이 있다.
당신 삶에서 가장 중요한 사람은 바로 '당신'이라는 것이다.
아직 잘 모르겠다고? 괜찮다. 이제부터 알면 되니까.

남자들은 흔히 집안의 가장이나 보호자가 되어야 한다고 생각한다. 그러나 꼭 누군가를 보살피는 일을 해야 우리에게 가치가 생기는 것은 아니다. 물론 보호자 역할이 자신에게 중요한 의미가 있다면 굳이 벗어나려 하지 않아도 괜찮다.

내게 상담을 의뢰하는 남성들 가운데 상당수가 아무리 심적으로 힘들어도 다른 이에게 도움을 청하지 못하겠다고 호소한다. 자기 문제는 자기가 알아서 해결해야 한다는 무의식적인 고정관념 때문이다. 슬프게도 이처럼 잘못된 고정관념에 시달리는 사람은 흔하며, 이런 이에게는 의사를 찾아와 시간을 내어달라고 하는 것부터가 큰 난관이다.

살다 보면 누구나 시련을 겪기 마련이다.
이런 시련들조차 삶의 일부로 인정하고,
이와 함께 살아가는 당신을 존중해야 한다.

내가 삶의 중심이 되기 위한 필수 조건

세상이 복잡해지면서 삶에서 직면하는 문제들 역시 복잡다단해졌다. 그만큼 기운을 잃지 않고 제 역할을 해내며 살아갈 수 있으려면 스스로를 잘 돌볼 수 있어야 한다. 하지만 대부분의 사람들에게 이는 결코 쉬운 일이 아니다. 매일 분주한 일과에 지친 몸을 끌고 집으로 돌아가면, 결국 TV 앞에 앉아 늘어져 쉬는 것이 최선일 때가 많다.

오로지 나만을 위한 시간을 만든다

아주 사소한 습관이라도 몸과 마음을 비우는 데 큰 역할을 할 수 있다. 따뜻한 물로 길게 샤워를 하거나 잠시 커피 한 잔을 즐기고, 친구를 만나 수다를 떠는 것만으로도 그날 하루 지친 감정을 회복할 수 있다.

전에는 이런 시간을 가졌지만 다른 일과가 끼어들거나 짬이 나지 않는다는 이유로 그만둔 경우도 있을 것이다. 나 역시 아침 일찍 일어나서 짧게 조깅을 나가곤 했는데 딸아이가 태어난 이후 그만뒀다. 당시에는 육아 때문에 피곤한 만큼 잠을 더 자야 한다고 합리화했다. 하지만 사실 그만큼 체력 유지가 중요한 상황이었다. 조깅을 그만두자마자 온몸이 늘어지고 무기력해지면서 오히려 예전의 내 모습을 잃고 말았다. 이후 나 자신을 체력적으로, 정신적으로 돌보는 습관을 다시금 유지하면서 하루를 더 활기차게 준비하고, 더 건강하고 행복한 아빠, 남편으로서 내 역할에 최선을 다할 수 있었다.

> 일상을 유지하기 위해 내게 필요한 게 무엇인지 곰곰이 생각해 보는 시간을 갖길 바란다.

이런 고민은 하루, 1주일, 한 달, 그리고 1년 단위로 꾸준히 이어져야 하며, 이때 오로지 나를 위한 일상적인 노력이 마음에 어떤 변화를 가져오는지 충분히 느낄 수 있어야 한다.

나만의 공간을 갖는다

쉼터, 휴게실, 침실, 공원, 어디든지 상관없다. 30분이나 두어 시간 머물면서 긴장을 내려놓고 편안하게 있을 수 있는 곳이면 어디라도 좋다. 이어폰을 귀에 꽂고 한동안 바깥의 소리를 차단하는 것만으로도 충분하다. 아주 짧은 시간이라도 일상에서 완전히 벗어날 수 있으면 무엇이든 좋다. 꼭 뭔가 정신적으로 심오한 경험을 해야 한다는 말은 아니다. 그저 심신의 긴장을 풀고 머릿속을 비우는 시간을 가져보라는 것이다. 때로는 멍하니 허공을 응시하는 것도 괜찮은 방법이다.

| 당신이 하고 싶고 즐길 수 있는 것을 해야 한다.

이 책의 2부 4장에서 나는 더 많은 유용한 방법들을 소개할 것이다.

> 나 자신을 체력적으로, 정신적으로 돌보는 습관을
> 다시금 유지하면서 하루를 더 활기차게 준비하고,
> 더 건강하고 행복한 아빠, 남편으로서
> 내 역할에 최선을 다할 수 있었다.

"

잠시 멈춰가는 시간은 누구에게나 필수다.
밖으로 나가 산책을 하거나 조깅을 해도 좋고,
편히 누워 음악을 듣거나 책을 읽는 것도 좋다.

물론 아무것도 하지 않아도 좋다.
일과 중에 그런 여유를 갖는 것이 중요하다.

여유 시간을 만든다

나만의 공간을 찾아서 여유를 즐기는 시간이 필요하다는 사실을 알았다면, 그다음에는 직접 행동으로 옮겨야 한다. 우리는 늘 시간이 부족하다. 그래서 한정된 시간을 합리적으로 보내려면 우선순위를 정해야 한다. 나 자신을 돌보기 위한 시간이 중요하다는 사실을 깨달았다면 이 역시 우선순위 목록의 위쪽에 두어야 한다. 운동, 티타임, 보드게임, 그것이 무엇이든 망설여선 안 된다. 지금 당장 중요한 일이 아닌 것처럼 느껴질지 몰라도, 절대 간과할 수 없는 것들이다.

나를 위한 시간을 일상적인 습관으로 만드는 것이 핵심이다.

규칙적으로 일정을 정해두는 것도 괜찮다. 이를테면 목요일 밤은 킥복싱을 하거나 북클럽에 가는 시간으로 잡아놓는 것이다. 같은 취미를 가진 사람과 계획을 짜면 서로를 독려해줄 수 있다.

크든 작든 당신이 지키기로 마음먹은 일들이 있다면 스마트폰에 알람을 맞춰두자. 책상 앞에 앉아서 일한다면 50분 간격으로 알람을 설정해두고 잠시 휴식 시간을 갖는 것이다. 자리에서 일어나서 걷거나 스트레칭을 해도 좋고, 창밖을 보면서 눈을 쉬어줘도 좋다.

스스로 돌보는 삶을 위하여

자기를 돌보는 건 부끄러운 일이 아니다

1

당신의 라이프스타일을 점검하라

누구나 자신의 생활 방식을 간단명료한 단어로 설명할 수 있다면 참 편할 것이다. 쉽지 않지만, 반드시 고민해봐야 하는 주제이기도 하다. 스스로 선택한 생활 방식이 나를 앞으로 나아가지 못하게 가로막거나 자존감에 영향을 미칠 수 있기 때문이다.

내가 어떤 방식으로 살기를 선택했는지 알아보는 좋은 방법이 있다. 평소 자신의 사고방식을 되짚어보는 것부터 시작하는 것이다. 내 경우를 예로 들자면, 나는 나 자신을 생활 습관이 불규칙하고 행동이 굼뜨면서 쉽게 초조해할 뿐 아니라 결단을 빨리 못 내리고 까다로우면서 논쟁을 즐기는 사람으로 표현할 수 있다 (동시에 친절하고 배려심이 있으며 활력 있고 세련된 편이라고 할 수 있을 테고!).

이런 사고방식들이 자신과 주위 사람에게 어떤 영향을 미치고,
평소 어떤 습관으로 이어지는지 생각해보는 것도 중요하다.

자신의 습관에 대해 고민하지 않는 사람은 일상에 치이고 휘둘려 결국 자신의 의도와는 동떨어진 삶을 살게 될 수도 있다.

지금 자신의 습관이 좋은지 나쁜지 객관적으로 파악하기란 쉽지 않다. 하지만 적어도 그 습관이 자신에게 어떤 영향을 미치는지는 생각해봐야 한다. 그래야 유익한 것은 유지하고 해로운 것은 줄이는 방식으로 조절할 수 있다.

당신의 습관 점검하기

다음 페이지에 여러 가지 유형의 생활 습관들을 적어보았다. 이들 가
운데 당신에게 해당되는 것이 있는가? 여기에 나와 있는 것들 외에
떠오르는 것들이 있다면 목록에 추가해보고 각 문항을 살펴보면서
아래 질문에 대한 답을 함께 고민해보길 바란다.

Q
이 습관은 내 삶에 어떤 영향을 미치고 있나?

나는 이 습관에서 무엇을 얻을 수 있을까?

어떤 점에서 나에게 도움이 되는가?

어떤 점에서 나에게 도움이 되지 않았나?

이 습관을 바꾸고 싶은가?

처음부터 좋은 습관, 나쁜 습관이 정해져 있는 것은 아니다. 예를 들어 운
동은 일반적으로 좋은 습관이라고 생각하지만, 지나칠 경우 해로울 수
있다. 자신이 지금의 생활 방식을 어떻게, 왜 선택했는지를 의식적으로
돌아보는 과정은 스스로를 더 깊이 이해하는 데 도움이 될 뿐만 아니라,
삶을 자신의 의지대로 이끌어갈 수 있도록 의사결정을 내리는 데 도움
이 된다. 만약 어떤 습관을 줄이거나 그만두고 싶은데 혼자 힘으로는 어

럽다면, 전문가의 도움을 요청해보길 권한다.

나의 습관 점검 목록

- ☐ 운동을 한다
- ☐ 게임을 한다
- ☐ 흡연을 한다
- ☐ 파티를 한다
- ☐ 과식을 한다
- ☐ 소식을 한다
- ☐ 술을 마신다
- ☐ 독서를 한다
- ☐ 자원봉사를 다닌다
- ☐ 하이킹을 한다
- ☐ 도박을 한다
- ☐ 시를 쓴다
- ☐ 정원 일을 한다
- ☐ 열심히 일한다
- ☐ 열심히 논다
- ☐ 아침 일찍 찬물로 샤워한다
- ☐ 밤에 일찍 잠든다
- ☐ 아침 일찍 일어난다
- ☐ 매일 일정을 짠다

- ☐ 매일 일기를 쓴다
- ☐ 긍정적인 사람을 곁에 둔다
- ☐ 사람은 평생 배워야 한다고 생각한다
- ☐ 직관에 따른다
- ☐ 명상을 한다
- ☐ 감사 기도를 한다
- ☐ 매일 15분씩 산책을 한다
- ☐ 인내심을 갖는다
- ☐ 조언이 필요한 사람에게 멘토링을 해준다
- ☐ 반려견을 키운다
- ☐ 자전거를 타고 출근을 한다
- ☐ 금연 중이다
- ☐ 음주 횟수를 줄였다
- ☐ 혼자서는 아무것도 할 수 없다고 생각한다
- ☐ 주말에 부모님과 시간을 보낸다
- ☐ 고기를 먹지 않는다
- ☐ 어디든 승용차로 이동한다
- ☐ 재활용을 한다
- ☐ 여성을 존중한다

마음 터놓고 인간관계 다시 시작하기

인간은 사회적 동물이다. 주변 사람들과 관계를 맺고 연결되는 것은 인간이 누릴 수 있는 특권일지도 모른다. 돈독한 관계를 통해 우리는 신체적, 심리적으로 활기를 얻으며, 단순히 개인적인 차원뿐만 아니라 타인에게도 이득을 줄 수 있다. 든든하고 지지가 되는 사회적 연결망은 상호 모두에게 윈윈 효과를 주기 때문이다.

사람마다 관계를 맺는 방식은 각기 다르며 관계가 많다고 해서 좋은 것만은 아니다. 특별한 규칙은 존재하지 않는다. 하지만 자세히 들여다보면 사람마다 각각 관계를 강화하고 확장하는 방법이 있지 않을까?

어쩌면 당신은 관계를 돈독히 하기 위해 이런 방법을
생각할 수도 있다.

❶ 누군가와 함께하는 식사 자리를 준비한다.

❷ 문자나 이메일보다 직접 전화로 소통한다.

❸ 친구나 가족을 위해 평소와는 다른 특별한 장소에서 이벤트를 마련한다.

❹ 동료와 점심식사를 함께한다.

❺ 직장에서 멘토 역할을 맡는다.

❻ 형식적인 인사만 주고받던 이웃에게 관심을 갖고 다가간다.

❼ 지역 단체나 모임에서 자원 봉사 활동을 한다.

❽ 동호회에 가입하여 새로운 것을 경험한다.

❾ 지역 스포츠팀을 지원하고 응원한다.

❿ 종교가 있을 경우, 지역 종교 단체에서 활동한다.

디지털 기기의 사용 제한하기

현대인은 태블릿 PC나 컴퓨터 사용은 제외하고 오롯이 스마트폰 사용에만 하루 평균 4시간을 할애한다. 이런 기기들은 점점 우리 삶에서 빼놓을 수 없는 요소가 되어가고 있으며, 그런 만큼 이에 대해서도 고민과 성찰이 필요하다. 습관과 마찬가지로 기기 역시 처음부터 좋고 나쁨이 결정되어 있는 건 아니다. 오히려 잘만 사용하면 삶에 많은 이점을 가져다줄 수 있다.

> 여기서 중요한 것은 이러한 기기 사용이 당신에게
> 어떤 영향을 미치는지 파악하는 것이다.

하루에 스마트폰으로 내가 무엇을 몇 시간 정도 하는지 시간 단위로 쪼개어 살펴볼 필요가 있다. 문자를 보내거나 꼭 필요한 통화만 하는지, 이메일은 하루 몇 번이나 체크하며, SNS에는 몇 번 정도 들락날락하는지 말이다. 컴퓨터와 태블릿 PC 역시 마찬가지다. 각각 하루 평균 몇 시간 이용하는가? 이런 기기의 사용이 당신에게 어떤 영향을 미치는가? 스마트폰은 하루 종일 전원이 들어와 있는지, 어디를 가든 스마트폰을 챙기는지 등을 살펴봐야 한다.

제한 시간을 설정하라

일상생활을 흐트러뜨리지 않을 정도로 적절히 사용하고 있다면 괜찮지만, 그렇지 않은 경우라면 기기 사용에 적당한 제한을 두는 것이 좋다. 절대적이고 엄격한 규칙을 적용하기는 어렵다. 만약 회사 업무 때문에 SNS를 계속 이용해야 한다면 SNS를 하루 딱 10분만 이용하겠다는 제한은 적용할 수 없을 것이다. 규칙을 정해둔들 지키는 것도 쉽지 않다.

그러나 그저 습관적으로, 혹은 지루하다는 이유로 불필요하게 로그인하는 시점이 언제인지 파악하는 것부터 시작해볼 수 있다. 제한을 둔다는 것은 사실 아주 단순하다. 게임이나 SNS의 알림을 끄거나, 집에서 사용하는 컴퓨터에서 이메일 앱을 삭제하여 주말에 회사 업무를 확인하지 않는 정도로 충분하다. 밤 시간에는 핸드폰 알림이 울리지 않도록 하고, 핸드폰 외에 아침 알람 시계를 따로 마련하거나 특정 앱의 사용 제한 시간을 설정해두는 것도 같은 방법이다.

얼마 전 나는 아침 업무를 시작하기 전에 페이스북부터 체크하는 습관을 없애기로 마음먹었다. 페이스북에 로그인하는 순간 업데이트된 타임라인을 확인하고, 바로 올라온 동영상 몇 개를 본 뒤, 관심 가는 기사들을 살펴보며 댓글을 달고 '좋아요'를 누르면서 시간을 흘려보냈기 때문이다. SNS를 하면서 업무 시간을 낭비하는 것은 늘 개운치 못한 일이었다.

일상생활을 방해하는 부정적인 습관을 긍정적인 습관으로 바꾸는 일(예를 들어 SNS에 올라온 남의 여행 사진을 멍하니 보는 대신 오디오북을 듣는 것)은 꽤 건강한 전환점으로 작용한다. 초조함이나 불안감 같은 감정을 줄여주고 일상에 안정감을 가져오기 때문이다. 만약 다시 무분별한 기기 사용에 빠져 이런 부정적인 감정에 휩쓸린다면 언제든 새롭게 시작하면 된다.

SNS가 정신 건강에 미치는 영향

지금까지 이야기한 기기 사용이나 정신 건강 문제에 있어 빼놓을 수 없는 것이 바로 SNS다. 완벽하게 포장되어 SNS에 올라오는 무수한 사진들을 보면서 상대적 박탈감을 느끼거나 자존감이 낮아지는 이들이 적지 않기 때문이다.

"

물론 지금 당장 인스타그램을 삭제하거나
페이스북 친구들을 끊어내기란 쉽지 않을 것이다.
그러나 이것이 자신에게 심리적으로
너무나 큰 문제라면 고민이 필요하다.

"

"

완벽하게 포장되어 SNS에 올라오는

무수한 사진들을 보면서

상대적 박탈감을 느끼거나
자존감이 낮아지는 이들이 적지 않다.

수면 습관 체크하기

잠을 자는 것까지 생활 방식에 해당된다고? 어쩌면 수면은 하루 24 시간 중 어쩔 수 없이 들어가는 일과에 불과하다고 생각할지도 모른다. 그러나 수면 시간은 결코 간과할 수 없을 만큼 중요하다. 우리는 삶에서 3분의 1에 해당하는 시간 동안 수면을 취하며, 수면의 질은 곧 체력뿐만 아니라 정신 건강으로 이어진다.

물론 매일 자신이 원하는 만큼 잠을 자는 사람은 많지 않다. 잦은 야근이나 야식, 새벽까지 이어지는 모임이나, 육아 등 각자의 생활 방식에 따라 살다 보면 이상적으로 8시간 수면을 취하기란 쉽지 않다. 정신적인 상태 역시 수면에 큰 영향을 미친다. 스트레스나 불안, 우울 등은 불면증의 원인이 되기도 한다.

수면 부족으로 생기는 문제들을 보완하기 위해 아침 일찍 진한 에스프레소나 에너지드링크를 마시는 이들도 있다. 하지만 이는 오히려 문제를 더 크게 만들 수 있다. 만약 매일 잠을 자도 개운하지 않고 피곤하다면 수면 습관을 바꿔볼 필요가 있다.

꿀잠을 위한 노하우

❶ 일주일 동안 일정한 시간에 잠자리에 드는 습관을 만들어본다.

평일과 주말 모두 비슷한 시간에 침대에 눕는 것이다. 규칙적인 생활 습관으로 자리 잡으면 인체 시계에도 영향을 미쳐, 뇌 역시 당신이 잠을 자는 시간이 언제인지 기억하게 된다.

❷ 침대에 눕기 한 시간 전에는 심신에 자극이 되는 행동을 피한다.

수면 전에 몸과 마음의 긴장을 풀어주는 시간이 필요하다.

❸ 적어도 잠들기 두 시간 전에는 식사를 피한다.

❹ 지금 느끼고 있는 불안이나 스트레스가 뭔지 체크해본다.

직장이나 인간관계에서 겪고 있는 문제, 심리적인 고민, 경제적 문제 등, 낮에 깨어 있는 동안 시달렸던 문제들이 수면을 방해할 수 있다.

❺ 니코틴과 카페인 섭취를 줄인다.

두 성분 모두 수면을 방해하는 요인이다. 특히 잠자리에 들기 4~6시간 전에는 피해야 한다.

❻ 잠들기 두어 시간 전에는 화면을 보지 않는 것이 좋다.

TV 화면이나 컴퓨터 모니터로 나오는 빛은 수면에 악영향을 미친다.

"

수면의 질은 곧 체력뿐만 아니라
정신 건강으로 이어진다.

"

1

2

3

건강관리도
습관이다

오랜 세월 의학은 몸을 다루는 분과와 정신을 다루는 분과가 나뉘어져 있었다. 그러는 동안 여러 연구를 통해 마음과 몸이 서로 밀접하게 연결되어 있다는 것이 밝혀졌다. 이런 연관은 일상적으로 우리가 사용하는 언어에서도 알 수 있다. 예를 들어 우리는 '가슴이 무너진다', '심장이 철렁한다', '간 떨어지는 줄 알았다', '간이 콩알만 해졌다' 등의 표현을 일상에서 자주 쓴다. 생각을 통해 감정이 유발되고, 감정이 몸에 그대로 반영되므로, 정신이 건강하면 신체 건강도 좋아질 수밖에 없다.

마찬가지로 만성적으로 질병에 시달리거나 건강에 문제가 생기면 정신 건강에도 안 좋은 영향을 미친다. 사전에 몸과 마음의 건강을 모두 고려하는 생활 습관을 유지하는 것이 중요하다. 사실 일상적으로 건강관리를 하는 방법을 모르는 사람은 없다. 금연하고, 알코올과 약물 중독을 피하며, 규칙적으로 운동하고 제때 식사하기와 같이 말 그대로 실천만 하면 된다. 물론 말처럼 쉽지 않은 일이다. 그러나 우리의 몸과 정신 건강을 위해 실천해 나갈 필요가 있다.

신체 건강과 운동 외에 심신의 상태에 영향을 끼치는 요인이 하나 더 있다. 이것은 바로 양질의 영양소를 섭취하는 것이다. 잘못된 식습관은 우울, 두통, 피로를 가중시킨다. 이는 두려움과 내적 불안을 증폭시켜 불면증을 유발할 수도 있다.

삶을 즐기는 것과 나를 돌보는 것 사이의 적절한 균형을 유지해야 한다.

건강관리는 결국 자신의 몫이다. 적당하다고 느껴지는 선에서 꾸준히 이어나가는 것이 중요하다.

작은 성공이 변화로 이어진다

변화를 포기하고 싶지 않다면 본인이 실천할 수 있는 선을 유지하는 것이 좋다. 철인경기나 마라톤을 준비하는 것처럼 거창할 필요는 없다는 얘기다(물론 그런 걸 원한다면 전력을 다하길 바란다!). 일상 속에서 식습관을 조금씩 바꾸거나 운동량을 조금씩 늘리면서 변화를 꾀할 수 있다. 뭐든 현실적으로 유지해야 성공할 가능성도 높아진다.

> 현재의 생활 방식에서 실현 가능한 방법을 선택해야 장기간 습관으로 유지할 수 있다. 그 순간부터 변화가 시작되는 것이다.

하루 다섯 번 야채와 과일을 섭취할 수 있다면? 그렇게 하면 된다. 직장에서 1킬로미터쯤 떨어진 거리에 주차해두고 나머지 거리는 걸어갈 수 있다면, 하면 된다. 일주일에 세 번 헬스클럽에 갈 시간과 여력이 된다면, 그렇게 해라. 수영, 조깅, 자전거, 골프, 테니스, 농구, 사우나 등 무엇이든 가능한 것이 있다면 하면 된다.

헬스클럽에 갈 여력이 없다면 퇴근길에 직장에서 집까지 걸어가는 건 어떨까? 매일 밤 다음 날 챙겨 먹을 분량의 음식을 준비하기 힘들다면, 주말에 미리 요리해서 냉동실에 얼려두거나 테이크아웃 샐러드를 주문할 수도 있다.

한 번에 모든 걸 바꾸려 하는 건 욕심일 뿐이다.

실천 가능한 것 하나를 선택해서 그것부터 습관으로 만들어보자.

"

회사 업무 때문에 스트레스가 극심할 때마다,
나는 동네 헬스클럽이나 수영장을 찾는다.
운동에 집중하는 동안에는
회사 일을 완전히 잊어버릴 수 있기 때문이다.

운동을 하고 나면 훨씬 차분하고 가벼운 마음으로
회사로 돌아가 하던 일을 계속할 수 있다.

사이먼, 38세, 저널리스트

"

새로운 습관들이기

새로운 생활 방식을 오래 유지하는 가장 좋은 방법은 두말할 것 없이 습관으로 만드는 것이다. 지금 우리가 갖고 있는 습관들 역시 오랜 시간에 걸쳐 자리 잡았을 것이다. 가령 십 년 전에는 매일 밤 자기 전에 치실로 마무리하지 않았을 테고, 아이가 생기기 전에는 매일 아침 학교까지 등교시켜주는 일도 없었을 것이다. 지금은 오히려 그 이전이 더 까마득하게 느껴질 테지만, 매일 당연하게 하고 있는 일들이 당연하지 않던 시절이 분명 있었다. 이처럼 당신이 하나의 행동을 선택하고 꾸준히 이어간다면, 그것은 더 이상 선택이 아니라 정해진 일과의 하나로 자리 잡게 될 것이다.

❶ 최소한 30일은 유지한다.

무엇을 하기로 선택했든, 적어도 30일은 유지해봐야 한다. 한 달간 노력과 에너지를 들이면, 그 이후에는 유지하기가 좀 더 수월해질 것이다.

❷ 원래 습관에 새로운 습관을 이어 붙인다.

예를 들어 퇴근 후, 외출복을 옷장에 걸어 놓으면서 운동복으로 갈아

입고 조깅을 하러 나갈 수도 있고, 장을 보러 갈 때 야채를 평소보다 한 가지 더 구입해보는 식으로 시도하는 것이다.

❸ 동참할 사람을 구한다.

친구와 같이 스쿼시를 치는 것처럼 직접적으로 같이 할 수 있는 사람을 알아볼 수도 있다. 하지만 나의 새로운 습관을 SNS로 알리거나, 매일 아침 식사를 챙겨 먹기로 했다며 가족에게 알리는 것 정도만으로도 충분하다.

❹ 스스로에게 보상을 준다.

특히 처음 시도하는 30일간 이런 보상이 무척 중요하다. 느긋하게 사우나에 가거나 마사지를 받는 것처럼 소소한 것이어도 좋다(마사지 받기가 부끄럽다는 남성들이 많은데, 정말이지 모르는 말씀이다. 근육을 풀어주는 마사지가 삶의 질을 얼마나 높여주는지 받아보면 알 것이다). 영화를 보거나 볼링을 치는 것도 좋고, 시간이 없어서 미뤄뒀던 드라마 한 시즌을 보는 것도 괜찮은 보상이다.

실패는 절대 실패가 아니다

내가 실패에 대해 알고 있던 것을 어렸을 때도 알았더라면 얼마나 좋았을까. 그랬다면 학창 시절 내내 낙제점을 받았어도 좌절하거나 절망하지 않았을 것이다. 그러나 그 시절 나는 실패에 취약했고, 시험을 망칠 때마다 세상이 무너졌으며, 내겐 좋은 삶을 누릴 자격이 없다고 자책했다.

수차례 시도와 실패를 경험한 끝에 나는 더 이상 실패를 두려워하지 않는 사람이 되었다. 실패 없이 우리는 결코 더 나아질 수 없고, 성공할 수도 없다. 실패를 많이 겪을수록 우리는 더 강해진다.

> 핵심은 실패를 끝이 아닌, 출발점으로 보는 것이다.

에이브러햄 링컨은 수차례 낙선한 끝에 대통령으로 당선됐으며, 빌 게이츠는 첫 번째 회사인 '트래프오데이터Traf-O-Data'가 실패한 뒤에 마이크로소프트를 설립했다.

아무리 뛰어난 스포츠 팀이라 해도 실패 요인을 분석하지 않고는 그다음 시합에서 승리를 거둘 수 없다. 우리 딸 역시 최소한 한 번이라도 자전거에서 떨어질 준비를 하지 않았다면 끝내 자전거를 배우지 못했을 것이다.

우리 인생도 그렇다. 더구나 변화를 시도하는 때라면 더욱 이런 자세가 필요하다. 뭔가에 실패했다고 이에 집착할 것이 아니라 다음번엔 어떻게 다르게 대응해야 할지 고민해봐야 한다. 경험에서 배우고 앞으로 나아가는 것이다.

흔히들 말하는 것처럼 실패는 성공의 어머니, 성공의 씨앗이다. 우리는 실패를 거듭하며 앞으로 더 나아진다. 예를 들어 해볼 만한 일이라고 생각했던 일이 실제 그렇지 않다고 해서 그 자리에서 끝내버리고 말 것인가? 좀 더 수월하게 할 수 있는 방법은 없는지, 대안을 찾아볼 수 있지 않을까? 매주 헬스클럽에 가는 데 실패했다고 해서 그걸로 운동을 포기하는 것이 아니라, 헬스클럽이 아닌 다른 방법을 찾아보는 것이다. 해보지도 않고 알 수는 없으니 말이다.

그렇게 시도한 일이 습관이 된다면 엄청난 성과를 이뤄낸 것이다. 바로 이런 성공에서 용기를 얻어 또 다른 변화를 시도해볼 수도 있다.

무엇을 왜 실패했는지 배우면서 점점 더 나아지는 자신을 발견하게 될 것이다.

직장 밖의 삶을 찾아야 한다

우리는 일을 통해 스스로 쓸모 있는 존재이자 사회 구성원이라는 사실을 실감한다. 어떤 일이든 직업으로서의 일은 우리가 자존감을 얻고 삶의 의미를 추구하며 살아가는 데 큰 역할을 한다. 실제 자기 삶에서 일을 중요하게 생각하는 사람들은 많다. 나 역시 일을 통해 사회에 기여한다는 생각이 삶에서 큰 부분을 차지한다.

물론 일이 항상 보람차고 즐겁기만 한 것은 아니다. 때로는 버거운 짐으로 다가오기도 하며, 일상의 균형을 깨뜨리기도 한다. 시대가 많이 바뀌었대도 여전히 남성들은 가부장으로서의 역할을 다해야 한다는 압박에서 헤어 나오지 못하고 있다. 이는 종종 스트레스나 우울증, 번 아웃으로 이어진다. 심리적인 압박을 관리하는 게 쉽지 않겠지만 그렇다고 시도해볼 만한 방법이 아주 없는 것은 아니다.

시작하기 전에…

솔직히 털어놓자면, 나 또한 일과 생활의 경계를 잘 지키지 못하는 편이다. 내담자들에게 조언하면서도 정작 내가 실천하지 못하는 경우가 적지 않다. 그러나 한 번이라도 더 시도해야 몸에 익기 마련이다. 나 역시 일과 생활 사이의 균형을 꾀하려 노력 중이고, 나와 내 주변 사람들에게도 조금씩 변화가 일어나는 것을 목격하고 있다.

일과 생활의 균형 꾀하기

당신의 삶에서 일은 어떤 역할을 하고 있는가? 일과 삶의 균형을 적절히 이루며 살면 다행이지만 점점 더 많은 사람들의 삶이 일로 잠식당하고 있다. 9시부터 6시까지 정해져 있던 기본 근무 시간은 이제 애틋한 추억에 가깝다. 스마트폰 덕분에 많은 직장인들이 24시간 내내 일에 매여 있기 때문이다. 당신은 지금 어떻게 일과 생활의 균형을 유지하고 있는지 생각해보라. 만약 그 균형이 흔들리고 있다면, 뚜렷한 경계를 만들어냄으로써 다시 제자리를 찾을 수 있다.

경계를 세우는 방식은 당신이 하고 있는 일에 따라 달라질 수 있다. 지금부터 소개하는 내용 가운데 자신의 상황과 맞지 않는 것이 있다면, 생활 방식에 맞춰 얼마든지 수정 가능하다.

❶ 휴식 시간 지키기

휴식 시간을 따로 정해두고 업무 시간처럼 집중해서 지켜야 한다. 무엇보다 절대 빼먹지 않는 것이 중요하다!

❷ 점심시간 존중하기

점심시간은 어엿하게 존중받아 마땅하다(꼭 점심이 아니더라도 식사를 챙겨야 하는 시간이라면 모두 마찬가지다). 일단 시작되면 하던 일을 완전히 멈추고, 일하던 공간을 벗어나야 한다. 혼자 산책을 하거나 동료혹은 친구들과 점심을 먹는 것도 좋다.

❸ 업무 시간 지키기

정해진 업무 시간은 하나의 규정으로서 지킨다. 즉 정시 출퇴근해야한다는 뜻이다. 한번 퇴근한 이후에는 다음 날 아침 출근 전까지 업무 내용을 다시 확인하는 일이 없어야 한다. 소파에 앉아 쉬는 동안이메일을 확인하거나 회신하는 것도 금물이다. 재택 근무를 하는 경우에도 마찬가지다. 직장처럼 9시 출근 6시 퇴근을 지키지는 못하겠지만, 업무 시간과 그 외 시간을 엄격하게 구분하는 것이 좋다. 퇴근후 고객이나 상사로부터 연락이 올까 항상 대기 중인 상태에서 벗어나, 완전히 자기 시간으로 전환해야 비로소 휴식을 취할 수 있다.

❹ 업무 공간 마련하기

직장에 소속되어 있지 않지만 업무 공간이 필요하다면, 하나 마련하는 것이 좋다. 별도의 사무실이나 서재를 만들 수 있다면 가장 이상적이겠지만, 불가능한 경우라면 다른 방 한구석에 책상을 갖다 두는 식으로 집 안의 공간을 최대한 활용해보는 것도 좋다. 정해둔 업무 시간이 끝난 뒤에는 컴퓨터나 스탠드를 끄고 그 자리를 떠나는 것이 좋다.

❺ 업무 종료 시간 정하기

퇴근하더라도 그날 업무에서 해결되지 않는 문제가 계속 머릿속을 맴돌기 마련이다. 완전히 끊어내기가 어렵겠지만 최소한 시도는 해보길 바란다. 일에 대한 생각을 지워버릴 수 있도록 퇴근길 전철 안에서 책을 읽거나 음악을 들을 수 있고, 친구와 한잔 하거나 운동이나 취미 생활을 해보는 것도 좋다.

❻ 휴일 지키기

정해진 연차 휴일이 있다면 아낌없이 써라. 재택 근무자라면 휴가에 필요한 예산과 계획을 준비하는 것이 좋다.

❼ 육아 휴직

당연하게 주어지는 권리인데도 쉽게 실행하지 못하는 경우가 많다. 남성 육아에 대한 사회적 인식이 바뀌고 있는 만큼, 무조건 남을 따라 할 것이 아니라 기회가 된다면 육아 휴직을 내보는 것도 나쁘지 않다.

정해진 업무 시간이 따로 없더라도,
일과 휴식의 경계는 분명히 나눠야 한다.

일하는 나를 돌보는 방법

맨 처음 스마트워치를 구입한 뒤, 나는 직장에서 휴식 시간마다 알림 설정을 해두기로 했다. 한숨 쉬어가는 동시에 긴장을 풀어주는 시간이 필요했기 때문이다. 아주 사소해 보이는 일이었지만 효과는 매우 컸다. 업무 생산성이 높아지고 매사 차분하게 몰입할 수 있었기 때문이다. 최근에는 매일 새 노랫소리를 듣는다. 호젓한 팬파이프 소리나 고래 울음소리 같은 소리를 스트리밍앱으로 듣고 있자면 휴식 중에 산이나 정글 한가운데에 머무르는 기분이 든다. 멋지지 않은가?

일과 생활 사이의 균형을 유지함과 동시에 일의 스트레스를 줄이고 좀 더 유쾌하게 보낼 수 있는 방법을 살펴보자.

❶ 해야 할 일 목록 만들기

그날 해야 할 업무 목록을 만들고 완수할 때마다 체크한다. 중간 중간 끼어드는 다른 소소한 일들도 적어두고 마찬가지로 체크한다. 시간 단위는 가급적 짧게 설정해두는 것이 좋다. 일주일이나, 하루, 혹은 오전, 오후 단위로 정해둘 수 있다.

❷ 현실적으로 생각하기

사실 나는 매일 개미처럼 일하면 산더미처럼 쌓인 일도 어떻게든 해치울 수 있다고 생각하는 낙천주의자였다. 하지만 이런 생각은 틀렸다. 그렇게 할 순 없다. 해야 할 일 목록은 현실적으로 생각해야 한다. 우선순위는 언제 어떻게든 바뀔 수 있다.

❸ 성찰하기

매일 하루가 끝나기 전에 목록을 다시 살펴보면서 그날 해낸 일들을 뿌듯해하고, 해내지 못한 일들은 왜 못했는지 생각해본다. '너무 의욕이 넘쳤나?' '주의 집중하지 못하게 방해하는 일들이 너무 많았나?' 다음 날 해야 할 일 목록에 미완수한 일들을 올리고 새롭게 시작해본다.

❹ 편안한 환경 만들기

업무 공간을 당신에게 맞춰 바꿔볼 수도 있다. 업무에 좀 더 수월한 방향으로 배치해보는 것이다. 의자는 편안하고 조명의 밝기는 적당한지 체크하면서 어수선한 것들을 정리해보자. 공간을 좀 더 편안한 환경으로 조성하는 과정은 일을 시작하기에 좋은 출발점을 마련하는 것과 같다.

❺ 심호흡하기

스트레스가 계속 쌓인다면 1분이라도 시간을 내어 깊이 심호흡을 해본다(68페이지를 참고해보기 바란다).

❻ 도움 청하기

상사나 동료 혹은 친구나 가족 등 누군가에게 도움을 청해보는 것도 좋다. 업무 방식이나 문제 해결 과정에서 다른 관점이 필요하다면 함께 이야기할 수 있는 사람이 있는 것만으로 힘을 얻을 수 있다.

TIP

직장에 소속되어 있지 않고 아이디어를 나누거나 의논할 만한 동료가 없다면, 마찬가지로 혼자 일하고 있는 사람들을 만나 네트워크를 형성해보는 것도 좋다. 반드시 같은 분야가 아니더라도 상관없다. 일을 하는 데 필요한 아이디어나 조언, 팁을 나누는 과정에서 꽤 좋은 친구를 찾을 수도 있다. 혼자 일하다 보면 할 일은 많지만 쉽게 고독해질 수 있다. 바깥과 단절되지 않도록 비슷한 생각을 가진 사람을 만나 이야기를 나누면 큰 도움이 된다.

휴식 시간에 온전히 몰입하기

❶ 자리 옮겨보기

어디서 업무를 보고 있든 자신이 있던 자리를 옮겨보면 생각의 흐름도 바뀐다. 사무실 안에 있었다면 밖에 잠시 나가 산책을 할 수 있고, 바깥에 있었다면 안으로 들어와 한숨 돌리는 것이다.

❷ 스트레칭하기

허리나 목, 어깨 등 긴장된 몸의 일부를 스트레칭으로 이완시켜주자.

❸ 음악 듣기

좋아하는 노래를 들으면서 완전히 푹 빠져보는 것도 좋다.

❹ 수다 떨기

누군가에게 커피 한 잔을 건네고 상대가 커피를 마시는 사이에 이런저런 이야기를 나눠볼 수 있다.

우리는 언제나 학생이다

앞으로 나이가 더 들고 난 뒤에 뭔가 배우고 있는 자신의 모습을 상상할 수 있는가? 학교를 졸업하고 나면 더 이상 뭔가를 배워야 한다는 생각을 하기 힘들다. 학교에서 배우고, 배운 지식을 세상에 조금 풀어놓을 뿐, 새롭게 뭔가 배우는 과정은 거의 없다. 그러나 누구나 그런 것은 아니다. 많은 사람들이 직업이나 취미를 통해 새로운 기술을 습득한다. 어린 시절 학교에서 그랬던 것처럼 시간과 집중력을 부여하지 않을 뿐이다. 하지만 꾸준히 무언가를 배우는 행위만으로 자신감과 자존감이 올라가고 목적의식이 자라며, 타인과 연대감을 느끼는 데 큰 도움이 된다.

반드시 학교처럼 공식적인 절차를 거쳐야만 하는 것도 아니다. 뇌 훈련이나 민첩성을 요구하는 일도 아니다. 배움은 새로운 것을 발견하고 호기심을 키워나가는 것에 훨씬 더 가깝다.

> 자전거 수리나 새로운 요리에 도전하는 것도 일종의 배움이다.

외국어를 배우거나 직장에서 새로운 업무를 맡는 것도 마찬가지다. 당신의 관심을 사로잡는 무언가를 찾았다면, 그냥 흘려보내지 말고

한 번 더 살펴보자. 유튜브만 검색해봐도 이런저런 정보들로 가득하며, 다양한 앱을 활용해볼 수도 있다. 시험 삼아 테스트해본 뒤에 한 단계 나아가서 정식 코스로 배우거나 자격증을 따는 절차를 밟을 수도 있다.

> 크든 작든 목표를 세워보자.
> 이 책을 끝까지 읽는 것부터 시작해보는 것은 어떨까.

행복은
절댓값이 아니다

사람은 매일 매 순간 행복할 수 없다. 페이스북이나 인스타그램 타임라인에 어떤 사진이 올라와 있든 간에, 끊임없이 행복한 상태를 유지하기란 불가능하다. 솔직히 말해, 그런 상태가 계속된다면 꽤나 피곤할지도 모른다.

그런데 오늘날 소셜미디어는 우리에게 이상적인 행복의 모습을 보여주며, 이렇게 보고, 느끼며 살아야 한다고 열심히 부추긴다. 온라인 세상에서는 모든 게 극단적인 행복과 불행의 상태로 나뉜다. 사랑스러운 아이에 훌륭한 배우자, 좋은 직업에 멋진 휴가를 누리는 일상처럼 완벽한 삶이 있는가 하면, 절망스러울 정도로 끔찍한 삶도 있다. 하지만 실제로 우리가 사는 세상은 그렇게 극단으로 갈리지 않는다.

> **행복으로 가는 길은 여러 가지겠지만, 지금 내 삶에 문제가 있을지도 모른다는 걱정을 버리는 것만큼 좋은 방법도 없다.**

우리는 평소 평온하고 안정감을 느끼다가도 흥분해서 불같이 화를 내고 불안과 좌절을 느끼며 우울해한다. 이는 무척 자연스럽고 당연한 일이다. 부정적인 감정에 휩싸여 힘들 때 긍정적으로 생각하려 애쓰는 것처럼 세상과 자신을 바라보는 관점 또한 그렇게 전환해볼 수 있다. 행복의 정의는 사람마다 다르기 때문에 다른 사람과 비교하며 자신의 행복을 평가해선 안 된다. 행복의 핵심은 저마다의 주관적인 만족감이며, 자기 삶에서 긍정적인 면에 몰입해야 비로소 만족할 수 있다.

행복 지수 자가 점검

우리는 늘 자신에게 없는 것, 부족한 것을 채우는 데 주력한다. 반대로 지금 내가 갖고 있는 것, 누리고 있는 것에 집중하고 점검하는 일은 꽤 정신적인 노력이 필요하다. 그러나 매사에 감사하는 연습을 하는 것만으로 우리는 현재에 좀 더 몰입하며 긍정성을 키울 수 있다(2부 5장의 '감사 일기 쓰기'를 참고해보기 바란다).

바로 지금 감사한 일이 무엇인가를 생각해보자.
아주 사소하고 작은 것으로 시작해 하나씩 늘려 보는 것이다.

평소에도 소중한 것들을 자주 떠올릴 만한 방법을 찾아보자. 사무실 책상 위에 혹은 핸드폰 배경화면에 사랑하는 가족의 사진을 올려둘 수도 있을 테고, 현관문에 좋은 글귀를 붙여두고 집을 나설 때마다 볼 수도 있을 것이다. 핸드폰 벨소리를 특별한 추억이 담긴 음악으로 바꾸는 것도 좋은 방법이다.

날 행복하게 해주는 물건들을
가까이 두자.

"

자동차 열쇠고리에 가족 사진을 달아두었다.
놀이공원에서 롤러코스터를 타면서
찍은 사진인데,

언뜻 사진이 눈에 들어올 때마다
그날의 기억이 떠올라서 웃음 짓게 된다.

토니, 45세, 정원사

"

당신을 정말로 행복하게 만드는 것은 무엇인가?

'이런 물건을 손에 넣으면, 혹은 저런 일이 생기면 반드시 행복해질 거'라고들 하지만, 사실 모든 게 그렇지는 않다. 누군가에게는 행복한 일이 다른 이에게는 최악의 일이 될 수도 있다. 내담자 중 한 사람은 내게 자신이 클럽에 드나드는 걸 무척 싫어한다는 사실을 나이 서른이 훌쩍 넘어서야 친구들에게 말할 수 있었노라 털어놓았다. 주말마다 클럽을 찾는 친구들을 어쩔 수 없이 따라다니긴 했지만, 땀에 절어 어두운 공간에서 춤을 추는 게 너무나 싫었다고 한다. 자신은 조용한 펍에 가서 술 한 잔 하고 싶었지만 적극적으로 의견을 말하지 못했다. 조용히 친구들의 의견에 따르는 것이 편했기 때문이다. 결국 자신이 정말로 원하는 것은 무시하고 시간낭비를 한 셈이다. 그가 자신이 원하는 대로 주말 저녁을 보내기까진 오랜 시간이 걸렸다.

당신은 무엇을 즐기고 좋아하는가? 크든 작든 자신이 기꺼이 좋아하고, 할 수 있는 일을 선택하는 것이 중요하다.

> 좋아하는 것은 시간이 지남에 따라 바뀔 수 있다.
> 어릴 때 애착을 가졌던 물건에 더 이상 관심을 보이지 않을 수도 있다.

혹은 과거에 즐겨 하던 일을 자연스럽게 그만두기도 한다.

일정의 우선순위 정하기

자신이 무엇에서 만족감을 느끼는지 아는 데서 그치지 말고, 이를 직접 해봐야 한다. 스스로에게 좋은 시간에 우선순위를 부여하고, 목록으로 만들어 언제 할 수 있을지 계획해보는 것이다. 그중에 하루, 일주일, 한 달, 1년 단위로 정기적으로 할 수 있는 활동이 뭐가 있을지 생각해보자.

일과 의무에서 벗어나 당신만의 놀이시간을 가져보자

어릴 땐 하릴 없이 노는 시간이 일상처럼 주어졌지만 나이가 들면서 무용하게 노는 시간은 줄어들기 시작한다. 대부분 직장이나 가족에 매여 약간의 재미를 느낄 시간조차 없다. 기껏해야 텔레비전이나 컴퓨터 앞에서 시간을 보내거나 소파에 앉아 꾸벅꾸벅 조는 일이 전부다. 하지만 어른이 되었다고 해서 무조건 '놀이'와 멀어져야 할 이유는 없다. 이제 당신만의 '놀이시간'을 가져보자. 건설적이지 않아도 되고, 승진이나 자기계발과는 전혀 무관한 그런 시간 말이다.

> 남들에게는 시간 낭비처럼 보일지 몰라도,
> 스스로 즐길 수 있다면 그것만으로 충분하다.

좋아하는 영화를 반복해서 볼 수도 있고, 반려견과 산책을 하거나 사랑하는 사람과 좋았던 순간을 이야기할 수도 있고, 지나치지 않은 선에서 게임을 할 수도 있다. 저금통에 모아둔 동전으로 높은 탑을 쌓아보기도 하고, 레고로 커다란 집을 만들거나 종이비행기를 접어서 옥상에서 날려보는 건 어떨까?

이때 중요한 건 균형감을 유지해야 한다는 것이다. 매일 이런 시간을 갖는다고 행복감이 계속되는 것은 아니다. 하지만 때때로 자신에게 이런 시간을 허락하는 것만으로도 마음에 생기를 불어넣을 수 있다.

마음의 근육, 회복탄력성을 키우는 법

우리의 인생은 늘 장밋빛만은 아니다. 일이나 인간관계로 인해 하루에도 여러 번 상처를 받고 스트레스를 받는다. 또 무언가를 열심히 했는데도 성과가 나지 않아 괴로울 때도 있고, 무슨 일을 시작하기 전에 실패할까 두려워 망설여질 때도 있다. 이렇듯 힘든 순간은 누구에게나 닥치기 마련이다. 피할 수는 없지만, 적어도 그 순간을 헤쳐 나갈 준비는 할 수 있다. 그것이 바로 '회복탄력성'을 키우는 것이다.

> **고난이 찾아오는 시기에 사람은 자기 안에 있는 모든 힘을 끌어 모아 맞받아칠 능력을 키우게 된다.**

회복탄력성은 영어로 'Resilience'로 원래 제자리로 되돌아오는 힘을 일컫는다. 오뚝이처럼 넘어졌다가도 다시 튀어오르는 탄성을 뜻하며 심리학에서는 주로 시련이나 고난을 이겨내는 말로 쓰인다. 이번 장에서는 인생의 허들을 가뿐히 뛰어넘는 내면의 힘, 즉 회복탄력성을 키우기 위한 방법을 소개하고자 한다.

회복탄력성이란 무엇인가

우리 삶은 온갖 역경과 시련으로 가득 차 있다. 하지만 우리에겐 인생의 역경을 극복할 힘도 갖고 있는데, 이러한 힘을 바로 회복탄력성이라 부른다. 회복탄력성은 마음의 근육과 같다. 몸이 힘을 발휘하려면 강한 근육이 필요하듯 마음에도 근육이 있어야 어려운 상황이 닥쳤을 때 이를 견뎌낼 수 있다. 사람은 저마다 내면에 회복탄력성을 갖고 있으며 이 능력 덕분에 넘어졌다 다시 일어서고 힘든 순간을 대면할 용기를 얻는다. 하지만 사람마다 지니고 있는 회복탄력성의 크기는 천차만별이다. 마치 고무공처럼 강하게 튀어 오르는 사람이 있는가 하면 유리처럼 부서져 버리는 사람도 있다. 유리 멘탈을 지녔다고 낙담만 하고 있을 필요는 없다. 운동을 통해 체력을 기를 수 있듯, 회복탄력성도 훈련을 통해 얼마든지 키울 수 있기 때문이다.

"역경은 과학적인 가치를 지니고 있다.

그것은 무엇을 배우고자 하는 사람에겐 절호의 기회가 된다."

💬 랄프 왈도 에머슨 Ralph Wald Emerson

회복탄력성을 높이기 위한 간단 매뉴얼

자신의 회복탄력성을 더 강하게 만들고 싶다면 세 가지 핵심 영역을 기억해야 한다. 자기를 컨트롤할 수 있는 정신적 상태와 사회적 연결 망, 그리고 극복 방식이다. 각각의 영역을 든든히 할 때마다 회복탄력성 역시 올라가며 이 책에 있는 대부분의 연습 문제들이 이 과정에 도움을 주기 위해 만들어졌다.

기분이 우울해지는 순간, 내면의 에너지와 의욕은 사라질 수밖에 없다. 따라서 부정적인 감정이 침투하려는 순간, 생활 속에서 도움이 될 만한 방법을 배워둘 필요가 있다. 다음의 세 가지를 유념하고 실천한다면 회복탄력성을 높이는 데 큰 도움을 얻을 것이다.

❶ 감사 일기 쓰기

감사는 부정적인 감정을 없애는 막강한 해독제다. 일단 감사하는 마음을 갖는 것만으로 기분이 좋아진다. 감사하기는 마음의 긍정성을 높이는 데 가장 강력하면서도 지속적인 효과를 나타낸다. 이는 과학적으로도 입증된 사실이다. 감사하는 마음은 휴식이나 깊은 수면 상태에 있을 때보다도 심장 박동수를 가장 이상적으로 유지시켜줄 뿐 아니라, 사회적으로 자살률을 낮추고 사회적 지지를 높이는 데도 큰 효과가 있는 것으로 드러났다.

하루를 정리하는 시간을 가지며 다섯 가지씩 감사 일기를 적어보자. 시원한 봄바람이나 따듯한 햇살처럼 주변의 아주 소소한 일들로부터 시작해도 좋다. 확실한 건 당신 앞에 있는 모든 것을 감사히 여길 줄 안다면 당신의 세계는 완전히 달라져 있을 거라는 것이다. 감사할 일을 적어가다 보면 실제로 감사할 일이 더 많아진다는 걸 체감하게 될 것이다.

❷ 규칙적으로 운동하기

운동의 필요성에 대해 모르는 이는 없다. 하지만 운동의 중요성을 제대로 이해하는 사람은 많지 않다. 운동은 몸의 건강보다 마음의 건강을 위해 필수적이다. 운동은 우울증, 불안장애, 치매 등을 치료하는데 특효약이다. 규칙적인 운동은 학습능력, 집중력, 사고능력을 향상시킬 뿐만 아니라 스트레스를 감소시키고 자아 존중감을 높이는 데탁월한 효과가 있다. 실제 영국에서는 가벼운 우울증에는 항우울제대신 운동을 처방하는 의사가 늘고 있다. 운동은 우리를 행복하게 해줄 뿐만 아니라 세포 간 연결망을 만들어 뇌세포에 영양(뇌유래신경영양인자BDNF)을 공급한다.

일주일에 세 번 정도 규칙적인 운동을 시작해보자. 운동은 조깅이나 줄넘기 같은 유산소 운동과 아령 같은 근력 운동, 그리고 스트레칭 운동을 고루 하는 게 좋다.

삶의 긍정성을 높이고 회복탄력성을 향상시키기 원한다면 오늘부터 당장 시작해볼 것을 권한다.

❸ 든든한 지원자 곁에 두기

사람은 혼자서는 모든 걸 잘할 수 없다. 주변 사람들과 끈끈한 유대감으로 묶여 있는 사람일수록 내면이 강하다. 고난을 극복하고 어려움을 이겨낸 사람들 주변엔 한결같이 자신을 지지해주는 든든한 지원자가 있다. 나이가 들수록 따뜻한 이웃이나 친구들은 더욱 중요하다. 특히 오래 살기 위해서는 서로 격려해주고 지지해주는 친구가 많아야 한다. 어릴 때부터 좋은 친구들을 많이 사귀는 것은 우리를 더욱 행복하게 해줄 뿐 아니라 고난이 닥쳤을 때 이겨낼 힘도 높여준다.

TIP

물리적으로 가까운 거리에 의지가 될 만한 물건을 가져다놓는 것도 꽤 괜찮은 방법이다. 핸드폰에 저장된 플레이리스트가 될 수도 있고, 집이나 사무실 책상에 좋아하는 책을 가져다 놓거나 지난 휴가에서 찍은 사진을 모니터 배경화면으로 설정해두는 것도 좋다. 내가 좋아하는 사람들과 즐거웠던 순간을 떠올리게 해주는 것 역시 회복탄력성 도구의 주요 요건이며, 건강한 삶으로 나아가는 방법이 된다.

"

난 힘들 때마다
스티븐 킹의 스릴러 소설을 읽는다.

이상하다고 생각할지 모르겠지만,
내게는 기운을 되찾게 해주는 훌륭한 도구다.

댄, 22세, 펫시터

"

삶의 목표와
살아야 할 이유에 집중하기

나는 언제나 내가 속한 공동체를 지지하고 이에 기여하는 것을 삶의 목표로 삼아 왔다. 그 이유는 꽤 명확하다. 나는 런던에서 태어났지만 부모님이 이민자 출신 이라 주변에 의지할 만한 연고가 전혀 없었다. 그 덕에 나는 우리에게 우호적이 지 않은 사회에서 얼마 안 되는 돈으로 살아남아야만 한다는 사실을 일찌감치 깨 달았다. 우리 가족은 늘 서로를 위해 희생했고 그런 노력이 있었기에 이곳에 자 리 잡을 수 있었다.

나는 이런저런 역경을 딛고 성장하면서 원하는 삶을 살려면 목적의식이 필요 하다는 걸 깨달았다. 목적의식은 지치지 않고 난관이 찾아오는 삶의 긴 여정을 지속하고 진정한 자신으로 사는 데 큰 보탬이 된다.

여기서 말하는 '목적'이란 세상에 태어나서 이뤄야 하는 사명이나 임무 같은 것이 아니다. 물론 그런 의미로 받아들이고 싶대도 상관없지만, 내가 전하고 싶 은 '목적'의 의미는 자신의 가치를 발견하는 것에 더 가깝다. 가치는 당신이 삶에 서 중요하게 여기는 태도와 신념, 행동으로, 어린 시절의 양육 방식이나 부모, 보 호자, 문화적 배경, 학교, 동료 혹은 언론 등을 통해 영향을 받은 것이다.

> **"당신 인생에서 가장 중요한 두 날은, 당신이 세상에 태어난 날**
> **과 그 이유를 발견하게 되는 날이다."**
>
> 💬 마크 트웨인

내 삶의 가치는 무엇일까

당신이 지금까지 가졌던 목표들은 대부분 당신의 가치관과 맞닿아 있다. 가령 내 삶의 목표 중 하나는 나와 비슷한 삶의 방식을 가진 친구들을 가까이하는 것이었다. 어린 시절부터 일과 학업에 충실하도록 배우고 자란 나로서는 매우 중요한 가치였고, 지루해 보일지 몰라도 그 덕에 큰 탈 없이 성인이 되었다고 생각한다.

다음 페이지에 이런 가치의 목록을 정리해두었다. 이 가운데 당신으로 하여금 의욕과 영감을 갖게 하는 것이 있는가? 없다면 무엇이 그렇게 해주는지 목록에 추가해보자. 5년 전에 당신에게 중요했던 가치가 지금은 그렇지 않을 수도 있다. 시간에 따라 가치관에도 변화가 생길 수 있기 때문이다.

당신 삶의 목표와 가치관은 어떻게 서로 영향을 주고받았을까? 인생에서 이루고 싶은 목표와 가치관이 서로 다른 방향을 향하고 있다면, 그 목표가 어디서 비롯되었는지 곰곰이 생각해볼 필요가 있다.

| 혹시 지금 자신이 아닌, 다른 사람의 가치나 목표를 추구하고 있지는 않은가?

나에게 중요한 가치는 무엇인가

☐ 안정감	☐ 공동체	☐ 근면성
☐ 신뢰	☐ 개방적 사고	☐ 건강
☐ 재미	☐ 평등	☐ 위안
☐ 독립심	☐ 열정	☐ 진실
☐ 자기 확신	☐ 용기	☐ 동기
☐ 수치심	☐ 희망	☐ 낙관주의
☐ 경제력	☐ 책임감	☐ 격정적 감정
☐ 권력	☐ 성실성	☐ 생산성
☐ 인정	☐ 공정성	☐ 목적
☐ 인내	☐ 자기 존중	☐ 가능성
☐ 감사	☐ 성취력	☐ 자립심
☐ 사랑	☐ 안전	☐ 감성
☐ 정직	☐ 인식 능력	☐ 평정심
☐ 지속성	☐ 헌신	☐ 봉사심
☐ 친절	☐ 야망	☐ 배려심
☐ 믿음	☐ 의존성	☐ 단순함
☐ 정의	☐ 이타성	☐ 진정성
☐ 친밀감	☐ 균형감	☐ 지지
☐ 정신성	☐ 성장	☐ 상상력

달성 가능한 목표 세우기

크든 작든 우리가 추구하는 목표는 달성하기가 쉽지만은 않을 것이다. 그게 쉬운 일이었다면 이미 다 이루고도 남았을 것이다. 당신이 목표를 향해 나아갈 때 어떤 스트레스를 받는지 살펴보면, 당신이 목표를 위해 어떻게 접근하는지, 그리고 삶에서 자신이 원하는 게 진짜 뭔지를 이해할 수 있다.

> 이번 연습 문제는 목표를 달성할 때의 스트레스를 바라보는 관점을 키우기 위한 것이다.

우선, 앞으로 1년간 성취하고 싶은 목표를 생각해본 뒤, 다음 페이지의 표와 같이 정리해보자. 그다음, 각 목표의 중요도에 따라서 1부터 10 사이의 점수를 매기고, 스트레스 정도에 따라서 또 점수를 매겨본다. 각 목표를 비교하면서 그에 따라 점수가 바뀌는 경우도 있을 것이다.

이제, 표에 정리한 내용을 다음 페이지에 등장하는 그래프로 옮겨본다. 당신의 목표가 스트레스에 어떤 영향을 주는지 살펴보는 것이다.

	목표 내용	중요도[*]	스트레스 정도[*]
1	가족과 더 많은 시간을 함께 보낸다.	8	6
2	헬스클럽에 등록한다.	3	7
3	건강하지 못한 관계를 정리한다.	8	10
4	새 직장을 구한다.	6	8
5	규칙적으로 운동한다.	5	6
6	새 차를 산다.	2	4
7	매일 명상 시간을 갖는다.	6	1
8	하루에 최소 일곱 시간은 수면을 취한다.	8	3

* 목표의 중요도와 스트레스 정도는 최소 1점에서 최대 10점 사이에서 정한다.

그래프 상의 색깔은 아래와 같은 결과를 보여준다.

○ **하얀색** : 스트레스 낮고 보상은 높은 상태

　– 최고의 결과라 할 수 있다!

● **회색** : 우선순위가 높지 않지만 부담도 크지 않은 상태

　– 지속해보길 권한다.

○ **하늘색** : 우선순위는 꽤 높지만 스트레스도 큰 상태

　– 스트레스 관리가 필요하다.

● **파란색** : 스트레스는 높은 데 반해 보상이 적은 상태

　– 그만두는 쪽을 고려해볼 만하다.

그래프 결과를 본 뒤 가장 먼저 할 일은 계속 추구할 목표와 (일시적이든 영구적이든) 그만둘 목표를 선택하는 것이다. 다행히 모든 목표가 스트레스 위험 영역을 벗어나 있다면 다행이지만, 파란색 영역에 근접해 있거나 하늘색 영역에 몰려 있는 목표들이 많다면, 그 정도의 스트레스를 감당해낼 수 있을지 스스로 고민해봐야 한다.

　얼마 전 이 그래프를 만들어보면서, 나는 지난 몇 년간 계획했던 박사 과정을 미뤄두기로 했다. 내가 인생에서 무엇을 성취하고 싶은지 그리고 나에게 중요한 것이 무엇인지 그래프로 확인하면서, 나는 박사 과정이라는 목표가 예전만큼 절실하지 않으며 스트레스를 감당할 만큼의 가치가 없다는 것을 깨달았다. 목표를 놓아버리고 나자

마음 한 편에 안도감이 생겼다. 알게 모르게 날 괴롭히는 스트레스였던 모양이다. 이후 나의 삶에 대한 태도가 좀 더 긍정적으로 되었다는 걸 느낄 수 있었다. 언젠가 박사 학위에 다시 도전할지도 모르지만, 지금 이 상태로도 충분히 만족한다.

만약 어떤 목표를 계속 추구하기로 마음먹었다면 어떻게 달성할 것이며 여기에 동반하는 스트레스를 어떻게 관리할지 구체적으로 계획해보는 것이 좋다. 이제부터 소개하는 전략들이 이에 도움이 될 것이다.

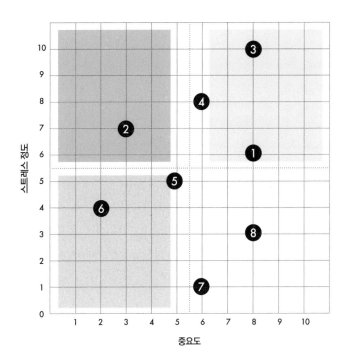

계획이 필요해

목표 달성 여부는 결국 당신에게 달려 있다. 어느 경우에든 적용해볼 수 있는 방법 하나를 소개하자면, 목표를 실현 가능한 덩어리로 분해하는 것이다. 그다음, 각 덩어리마다 언제 시작하고 끝낼지 일정을 정한다. 일정은 현실적으로 정하되, 마감 일정을 놓치더라도 걱정하지 말고 다시 정하면 된다.

스트레스를 관리하는 방법의 경우, 5장에서 소개했던 연습 문제들을 참고하면 도움이 될 것이다. 책 속의 방법들이 어떤 효과를 줄지 평가해볼 기회가 되리라 생각한다. 3장의 '자기 자신과 대화하기' 역시 여기서 유용할 수 있다.

스트레스 정도가 점점 커져서 문제가 될 정도라면 친구, 가족, 동료 등 주변의 도움을 얻을 수 있을까? 목표를 달성하는 데 집중하는 동안 다른 의무와 책임들은 잠시 미뤄둘 수 있을까? 목표를 좀 더 작은 덩어리로 나누어 관리할 수 있을까? 중간 중간 휴식을 취할 필요는 없을까? 이 모든 과정에서 늘 기억해야 할 것들이 있다. 무엇보다 당신의 마음을 돌보는 것이 우선이며, 그래야 목표 달성 역시 훨씬 수월해진다는 것이다.

나는 나를 믿는다

자기 자신에 대한 신뢰 없이는 그 어떤 목표도 이뤄낼 수 없다. 난 절대 할 수 없다고 생각하면 곧 그렇게 된다. 그러나 스스로를 믿는 것만으로 잠재력과 가능성, 그리고 목적이 생길 수 있다.

> 자신에 대한 신뢰에는 강력한 힘이 있으며 의욕과 자기 효능감을 높여준다.

"

당신이 세상에서 찾고 싶은 것을 목표에 투영하라.
당신이 성취하고 싶은 것에 자신감을 가져라.

당신이 누구고 어디에 있든
자신에게 최고의 기회를 주어야 한다.

남자는 우울하면 안 되나요

울고 싶어도 울지 못하는 남자들을 위한 감정 사용법

지은이 | 로티미 아킨세테
옮긴이 | 이지혜
펴낸이 | 이동수

1판1쇄 펴낸 날 | 2019년 12월 26일

책임 편집 | 박미정
디자인 | ALL 디자인 그룹
펴낸 곳 | 생각의날개

주소 | 서울시 강북구 번동 한천로 109길 83, 102동 1102호
전화 | 070-8624-4760
팩스 | 02-987-4760

출판 등록 2009년 4월 3일 제25100-2009-13호

이 도서의 국립중앙도서관 출판예정도서목록(CIP)은 서지정보유통지원시스템 홈페이지(http://seoji.nl.go.kr)와
국가자료종합목록시스템(http://www.nl.go.kr/kolisnet)에서 이용하실 수 있습니다.
(CIP제어번호 : CIP2019048812)

✛ 원고 투고를 기다립니다. 집필하신 원고를 책으로 만들고 싶은 분은 wings2009@daum.net으로
원고 일부 또는 전체, 간단한 설명, 연락처 등을 보내주십시오.

✛ 책값은 뒤표지에 있습니다.
✛ 잘못된 책은 구입하신 곳에서 교환해드립니다.